高绩效团队

[美] 琳达·亨曼（Linda Henman）◎著

肖剑◎译

CHALLENGE THE ORDINARY

中国友谊出版公司

图书在版编目（CIP）数据

高绩效团队 /（美）琳达·亨曼著；肖剑译 . —— 北京：中国友谊出版公司，2019.5

书名原文：Challenge the Ordinary

ISBN 978-7-5057-4623-7

Ⅰ . ①高… Ⅱ . ①琳… ②肖… Ⅲ . ①组织管理学 Ⅳ . ① C936

中国版本图书馆 CIP 数据核字 (2019) 第 040483 号

书名	高绩效团队
作者	［美］琳达·亨曼
译者	肖剑
出版	中国友谊出版公司
发行	中国友谊出版公司
经销	新华书店
印刷	大厂回族自治县益利印刷有限公司
规格	710×1000 毫米　16 开
	15 印张　207 千字
版次	2019 年 5 月第 1 版
印次	2019 年 5 月第 1 次印刷
书号	ISBN 978-7-5057-4623-7
定价	55.00 元
地址	北京市朝阳区西坝河南里 17 号楼
邮编	100028
电话	（010）64678009

引　言

当今全球化经济留给我们的容错空间几乎为零。我们不可平庸，是因为游戏规则和参与者都已改变，平庸便无创造、无发展、无上进。如果企业没有最好的产品、服务及提供这些的顶尖精英，他们的竞争者就会在全球范围内将其取而代之，正如我们所经历的经济实力的转变和商业模式的变化一样。

只有敢于向千年不变的戒规、定律挑战的领导者，才能积极从容应对动荡的全球金融形势。正如我们最初理解的一样，金融市场剧烈动荡，金融体系脆弱性继续增加。面临错综复杂、瞬息万变、动荡不稳和模棱两可的环境，成功的领导者需学会如何与它们和谐相处，这样才能形成竞争优势，从而创造出与众不同的公司。领导者仍需构建诸如低成本、差异化等竞争策略。而在当今经济形势下，构建更多的竞争优势尤为重要。经济发展的号角已嘹亮吹响，企业家们应立足于现在和未来，创建出一套能确保其公司具备竞争优势的系统方法。

面对前所未有、无既有经验可循的问题，组织者日益需要前沿的策略；面对那些萦绕心头且困惑不止的问题，组织者日益需要新颖的创意。研究表明，组织中绝大多数有价值的想法是由少数精英所创造的。这样，激励领导者勇往直前所需的才能，将由这些精英思考者和实施者来定义。

面对艰巨繁重的任务时，一个渴望创建卓越组织的领导者必须做到：树立正确的发展理念、制订有效的决策部署和建立健全的信任制度。随着公司的持续发展和扩张，环境变得更复杂，风险变得更大。昨天的成功并不代表今后永远成功，尤其是那些需要领导者有着出色表现的情况，这些领导者的已有技能往往不能与时俱进，支撑不起进一步的发展和演进，而且，现有的能够帮助得上他们的资源少之又少。他们经常在创建竞争策略、与董事会合作和精英的选、用、育、留等方面辗转尝试着，付出努力为在动荡的领导水域中航行而时刻准备着。他们需要这张通往成功的路线图。

目 录 CONTENTS

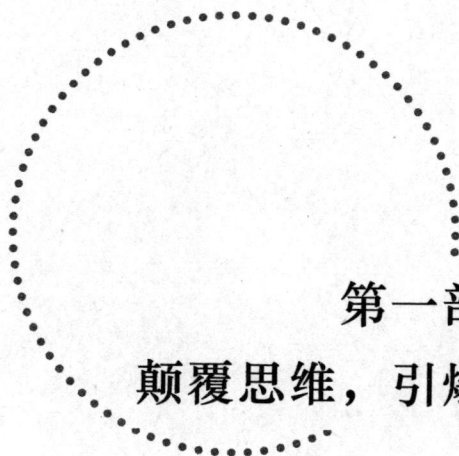

第一部分
颠覆思维，引爆团队竞争力

第一章
影响力：高绩效管理者会吸引更多精英

> 不管是现在还是将来，顶尖的精英都希望为那些努力进行战略思考、聪明地提升竞争力的高绩效管理者工作。

在 1967 年的百老汇音乐剧 How Now, Dow Jones，"Step to the Rear"选段的歌词中写道："从喧闹中寻找乐符，从男孩中寻找勇士，从毒葛中寻找玫瑰。"在这个激动人心的音乐剧中，人物生活都集中在围绕股票市场和拯救美国经济上。听起来就如同那熟悉的主题——是艺术模仿生活，还是生活模仿艺术？在这个商业世界中，如何从琐碎事物中找到重点？如何从虚假事物中辨别真实情况？如何从特殊组织的业务中剥离出普通人期望从事的工作？这些都很重要。

曾经怀疑过的我们，现在终于明白：平庸已成为过去式。研究表明，组织中绝大多数有价值的想法是由少数精英所创造的。这些能提供出色业绩的优秀思想家们，同时也定义了：精英需要尽可能地去创造属于自身的绝对优势，而不是尽最大可能地独自展现其才华。他们并非是无拘无束的职员，相反，这些具有卓越才华的思想家们，更需要统筹有方的领导者和组织结构，才能充分发挥他们的个人作用。

定位于打造高绩效团队的领导者须明白：一分耕耘，一分收获，付出越多，收获越多。这些精英能提供的越多，他们所期望得到的也就越多，正如一流球员总是渴望和其他精英球星一起玩球，而不是做一个替补球员。与之类似，组织性强的优秀员工用卓越来定义自己，同样他们也愿意加入一个更优秀的组织来实现自我。他们对自我拥有着高标准和严要求，那么对自己的雇用者同样也拥有着高的标准，这也就说得通了。

顶尖的精英都希望与其他表现突出的人共事。这种环境能够激发他们成长，帮助他们瞄准成功、制订清晰策略，明确建立实现个人目标过程中的日常进度表，并最终实现他们的个人成就。简而言之，他们寻求有一支卓越团队的优秀领导，这个组织能时刻坚持核心价值理念，同时又善于应对多变的全球经济。

杰出组织需要的平衡

悖论（Paradox），来源于希腊文，是"违背期望"的意思，是一个似乎自相矛盾但可能是事实的陈述。它似乎与常识冲突，但我们仍坚信不疑。它包含两方面的意思，一般来说，这两方面不可能同时成立。它激发我们去探究真相与合理性之间的区别。例如，如果我说"我是一个强迫性的骗子"，你会相信我吗？有人既会是一个强迫性的骗子，同时又会告诉你他是骗子吗？

在整个历史长河中，艺术家、诗人、作家和哲学家都曾用悖论来揭示人性——将我们与其他动物区分开的矛盾和复杂的内心世界。奥斯卡·王尔德（Oscar Wilde）写道："除了诱惑，我能抵抗一切。"罗伯特·弗罗斯特（Robert Frost）指出："无论是在一起干活还是分开干活，人们都是在一起工作。"乔治·奥威尔（George Orwell）在《动物庄园》（*Animal Farm*）中说："所有动物生来平等，但有些动物比其他动物更平等。"

以上的例子表明，悖论不仅仅是诙谐或有趣的陈述。它们具有更深刻的意义，因为它们用一句话来归纳所有，并通过一种意义深刻、令人难忘的方式来阐述这其中的重中之重。人们常说，"要想善良，必先残忍"，他们往往没有意识到这已经超越了历史，道出了一个普遍真理。哈姆雷特正是用它解释了为什么必须杀死继父克劳迪乌斯——涉及谋杀的残酷行为，让他的母亲不知不觉地与杀死她前夫的凶手一起生活的悲剧。现代哲学家约吉·贝拉（Yogi Berra）无意中成了悖论之王，他说"没有人再去那里了，它太拥挤了"，或更流行的"如果你不去别人的葬礼，你也别妄想他们会来参加你的"。

拥有特殊优势的组织会形成自己的悖论：在坚持自身使命、愿景和价值观的同时，必须灵活应对当前不断变化的全球经济。必须以一致性来平衡"实时管理"导向。为了保持同一状态，杰出组织必须敏捷地做出正确改变，从而创造出"忒修斯之船"或忒修斯悖论。

忒修斯，神话传说中的雅典英雄人物，古人认为他是历史上第一位建立稳固城邦的国王，是雅典城的奠基者。他是雅典国王和海神波塞冬之子，出现在了几部希腊悲剧中，几乎总是体现出雅典人的人文关怀和博大胸襟。他还克服了不可逾越的挑战，比如，在克里特公主阿里阿德涅的帮助下，用一个线团解开了米诺斯的迷宫，并战胜了人身牛头怪物弥诺陶洛斯。

在杀死了弥诺陶洛斯之后，忒修斯回到了雅典。雅典人曾为忒修斯的安全归来而宣誓效忠上帝阿波罗。为向阿波罗兑现承诺，雅典人把忒修斯与雅典的年轻人自克里特岛归还时所搭乘的船留了下来作为纪念碑。他们设法保全这只船，把船上的朽木不断地进行更换。传说中，对上帝的忠诚和维持这艘船的承诺至少持续到公元前 300 年，但这一悖论却反映了商业领袖所面临的悖论。

"忒修斯之船"悖论提出了一个问题，当一个整体的所有组成部分都被替换掉了，那么这个整体还是原来的整体么？随着时间的流逝，船上的木材逐渐腐朽，于是雅典人便用新的木头去更换它们。最后，该船的每块木头都被换过了。针对这个现象，古希腊的哲学家们提出了这样的问题："这艘船最后还是原本的那艘忒修斯之船吗？如果是，但它已经没有最初的任何一根木头了；如果不是，那它是从什么时候开始不是的？"

尽管这些是船体本身所具有的独特问题，但对雅典人来说，这艘保存完好的船使得他们明白，忒修斯毋庸置疑是一个真实的、具有历史意义的人物，意味着他们与神圣的上帝之间建立的一种有形联系。只要这艘船能发挥他们所需要它发挥的作用，他们并不关心它是否是同一艘船。

同样，你的组织也需要找到传说与事实、创意与创新、现实与未来之间的平衡。大多数领导者基于他们对未来的信念建立自己的公司；然而，未来本身就已经被证明了是不可预知和变幻莫测的。更糟糕的是，如果未来不像预期的那样发展，突破成功的秘诀就要高瞻远瞩，谋划未来的发展，对那些阻碍其适应发展的环节实施战略部署。因此，这是个悖论。对过时策略或痴心妄想的忠诚都于你无益，而一种植根于优秀传统的文化将会帮助到你。就像雅典人保持了忒修斯之船的适航性一样，你希望保留组织中界定它的各个方面，同时也要替换掉它磨损和腐朽的方面。

因此，最有可能取得成功的组织也是最有可能失败的。也就是说，同样的行为和特征能使公司成功的概率最大化，也能使公司失败的可能性最大化。现状与创新之间存在着很大的差异，今天的承诺往往与明天的现实不一致。以前我们依靠过去的表现来预测未来，现在我们不能。过去的表现仍在发挥作用，但只有那些在预测中发展出清晰的准确性的公司才能超越竞争对手。我们不能再把传统最佳实践问题用来作为决策的基础，比如"这是否符合组织的核心竞争力和文化？"因为我们不知道今天的能力和文化是否会与明天的挑战相匹配。正如瑜伽修行者所说："未来不再是从前了。"

悖论的五大因素

1. 劳动力的变化

我们对我们的劳动力曾经所做的假设不再适用。人口结构变化持续加快，以至于商业领袖们再也不能依据以往可靠的方法来进行精英决策。畅想着以收发室员工的身份进入组织并逐渐晋升为 CEO 的日子已成为过去，你不能想当然地认为你会像商业领袖过去那样，在 30 年里拥有同样的天赋。

同样，你也无需此类天赋。在日趋激烈的市场竞争环境下，当你的组织根据产品和服务的性质做出应对时，你会发现你需要不同类型的专家。"保留"将不再是一个普遍的目标或卓越的黄金标准。取而代之的是，留住关键的、优秀的员工将成为新的战斗口号，并在不断变化的战略中充分利用好这些精英。

但是计划赶不上变化，更何况诸神会密谋反对你做的各种企图。随着专业技术精英队伍的需求不断扩张，我们将会看到更多的海外精英（出国留学人员、外籍人士）回国，投身于我们的研究生技术和科研项目上。在不久的将来，我们的公立学校将继续令人失望，我们的许多学生将无法在我们的大学里竞争到职位。简而言之，没有多少人会为顶级职位而去做好准备。

在最近的经济衰退期间，某些行业休整了四年的时间。例如，建筑工地戛然而止，"婴儿潮"出生的那一代人都即将退休，而那些本应准备接替他们的人还没有准备好。有娴熟技艺的老人，比如能翻新一家大型医院的匠人，也会一样面临着退休问题。坐在板凳上的人很少能舞出自我的人生。

"婴儿潮"时期的杰出高管退休也就意味着，拥有企业文化知识和行业历史渊源的人也将无法指导未来。我们将失去一个顺理成章、理应如此的企业继承计划的优势。

更让人困惑的是，研究人员告诉我们，越来越多的公司控诉竞争对手意图对顶尖精英进行定向"挖人"的行为。然而，很少有公司会改变留住精英的方法。因此，竞争对手开始掠夺行业精英，这种做法曾一度不受欢迎。

特别是社交媒体和大众科技，在猎取精英方面扮演着重要角色。在一个特定的行业中，现在有两种程度的分离可以把精英与招聘人员区分开来。洞察今天的组织并获取关键贡献者的信息已然不是一件有多难的事。像 Linkedin 这样的网站，甚至会提供那些可以做介绍人的名字。这对一个组织的实力和领导层继任的负面影响是显而易见的。

过于依赖人力资源部门来招聘精英，这对我们来说是不利的。他们实施了详细的、往往令人生畏的招聘行为，这些做法耗时太长。认为只有这样，你才能定位好如何吸引你所需要的精英。

但是，人力资源部门应该成为招聘机构的基本假设也必须改变。现在，高级管理人员需要识别出哪些精英是他们想要雇用的或特定的。他们需要在给人留下深刻印象的责任清单上加上"精英磁石"。所有这些都为企业带来了新的、前所未有的挑战——尤其是那些从事尖端研究开发的企业。

2. 新的交通规则

当今世界经济秩序在变，不再允许平庸、过时的方法，曾引领你抵达到这里的成功之路并不代表能让你通往未来。规则和员工已改变，平庸也不再起作用。

科技的蓬勃发展催生出了许多通往成功之路的新规则。全球数据量出现爆炸式增长，"大数据"应运而生，指的就是这些分析大型数据集的行为，这将成为竞争分析的关键基础，用来支撑生产力、增长、创新和消费者行为的新浪潮。现在比以往任何时候都更重要，各行各业的管理者不得不应对大数据的影响，不仅仅局限在少数 IT 或以数据为导向的行业。大数据涉及如此庞大且复杂的数据集，用传统的数据处理应用程序来处理这些数据已经变得不现实，但是报酬提供了创造实用解决方案的动力。[1]

大数据可以通过信息透明和提高使用率，从而释放出重要的价值。当组织以数字形式创建和存储更多的信息时，他们可以收集从产品库存到带薪休假的所有更准确、更详细的性能统计数据。利用好数据收集和分析，领先的公司可以做出更好的战略决策；其他公司可以利用这些数据来制订策略，及时调整他们的业务杠杆，以便他们能够精确地为特定客户量身定制产品或服务，精确地满足其需求。卓越组织将必须同时做到这两项工作。

大数据带来的挑战包括捕获、存储、搜索、共享和分析。数据分析是最大的挑战，是因为大数据的计算数据量是一个移动的目标，并且随着持续的改进，目标会不断移动。毫无疑问，精细的分析方法可以大大改善决策，并影响下一代产品和服务的发展。

公司的规模并不重要。大公司不能垄断大数据市场。现在，中小企业可以用很少的钱购买复杂的分析工具，有时这些小公司能够比大公司更快、更好地吸收和利用这些技术。从本质上来说，就是公平竞争。不管组织是大是小，都归结为一件事：只有正确使用数据分析工具，这些技术的投资回报率才会高。

卓越组织将利用数据驱动的策略来创新、竞争，并从实时信息中获取价值。但之后就得有人知道如何使用这些数据来做出决定了。公司投入巨额资金从数据中获得真知灼见，但只有那些拥有非凡才能的少数杰出组织才能将海量数据转化为重大判断。

数据的使用并不是未来道路上唯一的新规定。灵活性和敏捷性将不再是可选的。那些希望在全球经济中竞争的公司必须愿意去尝试前所未有的挑战和机遇。他们需要坚定地坚持自己的核心价值观，同时对数据所呈现的信息持开放态度。他们可能不得不解决其雇员对弹性工作选择的需求，可能在新的国家开设工作地点，或者涉及更广泛的远程工作。无论出现什么选择，有一件事将保持不变：那些定义竞争的公司将会比专注于投入的公司更有成效。诸如"谁在工作""什么时间工作"这样的事情将变得不那么重要，而生产力将变得更加关键。

战略规划、大胆的领导、果断的行动，这些要素曾是获得成功的先决条件，但现在也有可能是造成失败的重要因子。现在，领导者必须在一个前所未有的未来基础上，对长远的后果做出打算。这些成功的领导者需要学会与复杂性、快速性、不稳定性和不确定性和谐相处。简而言之，他们将需要创造卓越优势。

3. 全球经济倾斜

世界的经济中心已经从北半球的西方国家转移到快速发展的国家，如中国、印度尼西亚、巴西，以及中东的部分地区。这些南方国家已经开始推动变革，这令他们的北方邻国感到恐慌。全球竞争的新格局已经出现，越来越多的国家开始注重增加就业机会、提高生活水平、加大财政储备以及加强政治稳定，但是新游戏没有明确的规则。

美国在某些领域实行一些保护主义措施，但没有形成协调一致的经济计划，其他国家也在制订自己的规则。一些国家以低成本贷款的形式提供政府资助；另一些国家则在利用本国的主权财富基金；还有一些国家，私募股权公司也在寻找机会。在他们学习的过程中，经济力量创造了政治力量，而不是相反。

卓越组织的领导者会首先把握全球环境。根据欧洲来之不易的经验教训，全球环境是一个既没有中央管理机构，也没有一套可执行规则的世界。关于经济，有几件事要牢记：它以巨大的、惊人的速度增长，相互联系，复杂，不稳定，缺乏透明度。这个系统影响着世界各地数百万人的生活，它还在继续接受着彼此冲突的参与者们的监督。

你愿意放弃初期的利润来赢得南方的竞争吗？你能说服资本市场接受更长的时间吗？大多数领导人都会回答"不"。然而，发展需要人和金钱的承诺。另外，你在国外指派或雇用的领导者必须是高级别的，你必须对他们做出的重大决策和巨额预算感到放心。

你是怎么开始考虑这个转变的？首先要自省，这样你就能理解和预测全球商业环境。因为信息是现成的，对地缘经济或地缘政治的无知没有任何理由可以作为借口。现在，你比以往任何时候都更需要了解产业和地理以外的趋势。在这些趋势中，美国和其他外国政府在经济活动中不断变化角色是主要趋势，根据这些趋势不断地塑造和重塑市场、社会和GDP。此外，不断变化的人口结构也会给资源或市场推动带来压力。[2] 对全球动态和环境中不断出现的规则进行深入的了解，将帮助你找出那些可能颠覆你的世界或创造千载难逢的机会的关键趋势。利用专家的洞察力，使用他们提供的信息，然后形成自己对整个系统的看法，看到最高层次的模式，使其真正的含义具体化。

4. 恐惧

人们的情绪和观念影响着市场的运动和繁荣。同样，股票价格、失业率、国内生产总值和债务也会引发人们的情绪和看法。自2008年以来，恐惧一直是一种情绪，它影响着政府最高层的决策和小企业主的决策。我们共同创造了一个以恐惧为主要燃料的经济引擎，而媒体通过威胁和世界末日的预测来提供这种燃料。

24 小时全球实时快讯需要吸引观众。为了吸引观众，媒体从业者需要的是轰动。因此，他们不断地寻找"人咬狗"的故事，并接受"只要能见红，就能上头条"的取向。世界另一边的人们在几秒钟之内就能听到来自美国的消息，这增加了局势的复杂性。在新的全球经济中，影响到一个国家的因素最终会影响到其他国家。在某种程度上，我们会对另一场悬崖恐慌免疫，但这并不意味着这些故事不起作用。它们会的。

社交网络是另一个改变游戏规则的因素，尽管游戏仍然是猜测的游戏，但我们知道它可以在短时间内大规模地传播新的想法并影响行为。社交媒体、手机和短信为我们提供了保持联系的新方法，也为我们提供了相互骚扰和恐吓的新方法。但是所有的后果，并不像已婚的参议员韦纳用推特账号给一名年轻女子传一张不雅照那样温和。一些社交媒体平台为信息共享提供了渠道，引发了抗议和暴力。所有这一切结合在一起，点燃了恐惧的火焰，并导致了循环的重演。

5. 变化

矛盾组织的第五个原因是自身的悖论。根据吉姆·柯林斯（Jim Collins）所做的大量研究，他们研究的伟大组织并不一定比那些不太成功的组织更具创新性，在某些情况下，伟大的组织也不那么具有创新性。正如研究人员得出的结论，创新本身并不是我们所期望的王牌。更重要的是校准创新的能力，将创造力与纪律结合起来。

伟大的领导者没有预测未来的远见卓识能力，但他们可以观察过去的成功，找出成功的原因，并在已被证明的基础之上有所建树。所有这些组合起来决定什么时候去做什么改变。正如柯林斯和他的团队所了解到的那样，组织之外的巨大变化并不意味着领导者应该给他们的组织带来根本性的变化。相反，领导者必须用有纪律的方法和正确的变化节奏引导他们的组织。[3]

准确性和敏捷性在你创建一个杰出组织的能力中发挥更大的作用，而不是速度。在你认为自己已经准备好之前，你需要快速行动，但稳步前进比仓促而就更可靠。你需要知道什么时候该跑，什么时候该走。但你也得明白，你也得跳起来。改变往往是由于施压而非邀请，幸运女神也将扮演她的角色。关键的问题不是你的运气是否好，而是你将如何利用你得到的运气。

除了提出自身悖论之外，总体组织悖论的第五个原因还包含了前面提到的四个原因。因为交通规则已经改变，劳动力将会改变。而这两者都将会因全球倾斜而改变。所有这一切都将加剧人们的恐惧，而这种恐惧可能是从一开始就在其中起作用的。我们现在面临的未来不会原谅我们一直以来犯下的错误，也不会原谅我们将要犯下的新错误。只有那些坚定不移地致力于创建卓越组织的精英会茁壮成长，但他们必须有意识地、持续地这样做。

特殊组织的四个特点

2009 年的经济衰退给我们上了宝贵的一课，我们必须得再重新学习：我们不能再指望确定性了。那些我们一直"知道"的东西指的就是那些鼓动我们下赌注时准能赢的"确定性"，结果有时会令人失望，有时甚至对我们来说是毁灭性的。然而，我们不能失去信心，因为随之而来的是乐观和成功。相反，你需要一个新的计划，让犯错的余地变小。它将取决于你所选择的策略、所创造的文化、对卓越的承诺以及你所吸引的精英。它看起来是这样的：

举止行为、知识经验的天赋才能

领导者　　领导者

一致性、敏捷性的优质品质　　特殊组织　　目标性、可执行的策略方向

追随者　　追随者

不断变化、学习的文化价值观

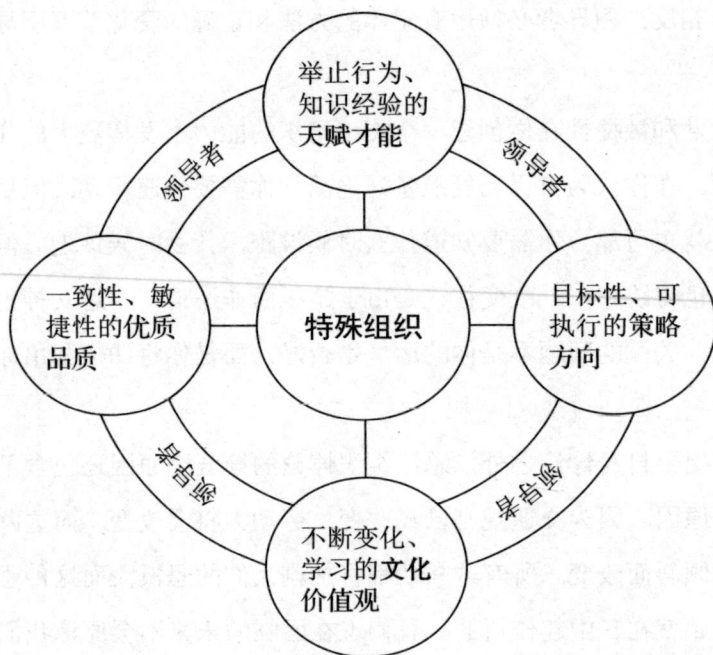

1. 策略：把音符和噪音分开

传统上，领导者分析客户反馈和行业数据，以决定未来将会是什么样子，以及他们的组织将如何应对。后来，有人改变了游戏规则。

如今，领导者需要根据多种选择，制订切实可行的战略，以应对多种可能的未来需求，而不是制订单一的战略承诺。简而言之，他们需要对冲他们的赌注。他们不需要设想一个可能的未来，而需要设想和预测未来的几种选择。每一缔约方都需要积累数据并制订一个实施计划。他们需要敏捷、可靠的步伐和速度，且愿意在需要的时候进行改变，但要清楚他们想要抵达的方向。

分成两类或两种组织：一种是具有强有力的战略来应对变化的组织，一种是即将倒闭的组织。换句话说，让你来到这里的"优势"，并不一定能帮你到达下一个阶段。驿马快信公司并没有成为铁路公司，铁路公司也

没有成为航空公司。在他们那个时代，铁路业和航空业都曾经蓬勃发展。然而，如今，这两个行业都历经数年的管理不善。

与这两个行业的领导者不同，你需要擅长预测未来。你的视野中浮现什么样的机会和威胁？你怎样才能利用自身优势，减轻自身弱点，让自己为之做好准备？让我们从以往的事件中吸取教训。

2012 年，《华尔街日报》报道，沃尔玛正处在美国有史以来最严重的销售下滑之中，连续两年出现销售下滑。但这种情况怎么会发生在美国呢？当消费者在经济衰退中寻找低成本的替代品时，美国的巨型商店本应繁荣起来，但他们走错路了。为了加速增长并对抗竞争对手的崛起，决策者们偏离了"为顾客省钱，让他们生活得更好"的"双赢"使命。相反，这家全球最大的零售商提高了一些商品的价格，同时促进了其他商品的交易。

这并不是它对其使命的唯一改变。对有机食品的突袭并没有抓住选折扣商品的客户。同样地，为了吸引高收入的顾客，大力推销时髦的时装并试图减少店里的嘈杂的行为，最终也疏远了公司的传统消费者。该连锁公司成功地吸引了较富有的客户，但代价是失去了其原有的客户群，即年收入低于 7 万美元，占其业务 68% 的客户。沃尔玛前高管吉米·赖特（Jimmy Wright）[4] 说："沃尔玛的基本客户并没有离开沃尔玛。现在的情况是，沃尔玛离开了客户。"随着决策者们忙着重新回到引领他们成功的使命上来时，公司的旋转门才继续转动。

卓越组织将放弃 5 年战略，取而代之的是一个为期 3 年甚至 18 个月的愿景。这些公司的领导者会意识到，战略始于思想，而不是分析。通过前所未有的来源，噪音将继续流入我们的生活，创造出大量的信息。但那些创造了特殊优势的人会将音符与噪音区分开来，即使这意味着要对他们的计划进行必要的颠覆性的改变。他们将学习速度性和敏捷性的价值，因为他们将创造一种既重视速度又重视敏捷的文化。

2. 文化：从嘎嘎声中区分出鸭子来

向一群老空军飞行员提到"耶利米威德"（Jeremiah Weed）这个词，他们会向你保证，他们已经喝了令人愉快的、美味的、百味的、波本威士忌风味的酒。在相当于空军的王牌战斗机武器学校里，每当结束漫长的一周学校生活后，或随便找个理由去空军基地的任一酒吧时，飞行员将加入到一起，为"倒下的同志"干杯。所有人都知道这一传统，但很少有人能讲述"耶利米威德"的传说，更不用说真实的故事了。

真实故事是，1978年12月1日，在奈利斯空军基地附近的沙漠，飞行员被一架F-4战斗机坠毁前给弹射出来。乔·鲍勃·菲利普斯（Joe Bob Phillips）是一名教练，要求在一个脚本化的场景中攻击诺特·纳尔逊（Nort Nelson）。诺特少校是美国空军武器学校的学生，他要求对乔·鲍勃的攻击进行防守反击。在一次接触中，他设法把自己的飞机进入到一个无法恢复的位置，至少诺特自己的教练安德雷格（Dick Anderegg）认为这是不可能的。安德雷格把他们俩都从飞机上安全地弹射出去了，但是他们失去了飞机。

一年后，乔·鲍勃、诺特和另一个朋友返回到坠机现场，但没能成功找到事发现场。天已经黑了，他们停了下来，走进帕拉吉特酒吧，遇到了一个留着胡子的酒保。酒保很高兴自己的酒吧来了三名真正的战斗机飞行员，急切地听了三位飞行员关于飞机坠毁的故事，参与到他们的饮酒游戏当中。酒保输了。

乔·鲍勃问这位看起来很强壮的酒保，是否知道如何做"后燃器"。"不会。"酒保回答道。飞行员向酒保解释说："通俗来讲，就像是点燃一杯白兰地，然后快速喝下燃烧的液体的那种喷射爆炸的过程。"酒保抱歉地说，他能提供的最接近白兰地的酒是耶利米威德。三位飞行员用波本威士忌装满了他们的酒杯，展示了完美无瑕的后燃器技术，除了在酒杯底部闪烁的蓝色小火焰外，所有的三个酒杯都空空如也。

酒保给自己倒了一杯，点燃了上面的东西。在这个过程中，他忽略了几个关键的步骤，还有他留着胡子的事实。显然，除了尝起来像煤油外，耶利米威德还具有助燃特性。

当三个飞行员扑灭火焰时，酒吧里已经充满了烧焦的嘴唇和头发的味道。这三位飞行员为赢得酒吧游戏而感到内疚，几乎要把他们的新朋友给烧死了，他们便买了一瓶耶利米威德，前往坠机地点。

他们三人决定要记住自己与死亡擦肩而过的经历，并为那些还没有从事故中走出来的人做一个纪念，建立起一种习俗。于是，他们回到奈利斯，把瓶子给了军官俱乐部的经理，建议把这瓶酒加到酒吧里。经理同意了。不久，奈利斯的战斗机飞行员，就毫无理由地喝下了耶利米威德，只是喝耶利米威德使他们与众不同，给了他们一个向倒下的战友敬酒的借口。当许多其他战斗机飞行员经过奈利斯时，他们看到武器学校的人在坚持这个仪式，所以他们也这么做了。一个传奇诞生了，是所创文化中的一个部分。[5]

正如耶利米威德的故事所表明的那样，在适应周围世界和解决他们自身问题的过程中，组织进行学习。当某样东西在一段时间内运行良好，并且领导者认为它是有效的时候，组织的成员就会开始把它的行为或想法传授给新的人。通过这一过程，新成员可以了解他们周围的人对涉及组织的问题的看法、想法和感受。有时，这些行为会与传统有联系，使群体成员彼此之间有联系，就像喝酒的传统一样；而在其他时候，这些行为将与组织的业务方式有更直接的联系。聪明的领导者认识到，这两者都掌握着解开组织成功秘密的重要钥匙。

文化之所以存在，是因为精英，但由于同样的精英可能不存在，所以你必须创造一种独立于精英的文化。有时，优秀员工会加入一个组织，度过他们的整个职业生涯，但现在这种现象已经不常见了。更常见的是，不论是否是文化因素，精英会来也会去。以武器学校为例，自从空军于1949年在那里建立了武装战斗机学校以来，奈利斯一直是战斗机武器和战术的摇篮，目的是为了获取战斗机飞行员在二战中获得的经验和教训。后来学校成了战斗机武器学校，每个连续的战斗机型号都在武器学校内拥有自己的中队。通过设计，精英会定期轮换，教学大纲也会经常变化，但文化的重要方面仍然难以改变，而且飞行员总是以极大的自豪佩戴他们的肩章，它把他们和那些没有资格参加的人区别开来。

相反，今天的组织面临着各种因素的冲击，这些因素会影响甚至破坏他们的文化。合并和收购往往对试图合并的两种文化产生不利影响，既不完整，也不可能出现。表现最好的员工往往会失去耐心，离开合并后的企业，从而造成更大的损失。就像前面提到的悖论一样，文化需要既可靠又能不断演变。它需要坚持那些让杰出的人为之骄傲的东西。同时重塑自己，以吸引你想要的精英，而不仅仅是你拥有的精英。

学习型企业文化并不需要喝冷饮，甚至不需要喝肯塔基波本威士忌，而是要知道什么时候该举杯，向谁举杯。但是，所有成功的企业文化都有两个特点：一种是变革文化，一种是对学习的承诺。当你有了这些，你可以更有效地明确公司需要采取的方向，并做得很好。

3. 优秀：将王牌与普通牌分开

在美国民间传说中，哈特菲尔德和麦考伊之间的宿怨一直是敌对党派激烈斗争的象征。然而，在西弗吉尼亚的边远地区，这场长达 28 年之久的争端，与大多数组织在能力和卓越之间的激烈竞争相比，显得微不足道。当人们表现平平的时候，高级领导人往往就会安于现状，而平庸就会占据上风。优秀组织的领导者，即那些吸引和培养优秀表现者的人，意识到犯错误的时间已经过去了。

卓越是优秀组织的首要要求，它定义了其他一切：精英、文化和战略。如果没有对卓越的明确承诺和专注，其他一切都毫无意义。

一切都源于"谁"。你的组织不可能比担任关键职位的最优秀的员工更优秀。当然，在高级职位上表现最好的人拥有最深的影响力，但在所有组织阶梯上，你都必须拥有最优秀的精英。并不是每个人都需要提供技能、才能或想要晋升的愿望，但是从看门人到首席执行官，每个人都应该表现出很高的绩效标准。如果你承担得少，你就会在通向卓越的道路上一步一步妥协。

挫折是导致无数人无法发挥潜能的原因之一。他们根本不知道你期望的是什么；策略仍然是模糊的，优先级的变化太频繁，或者如果它曾经存在过，也无法找到实施计划。如果在这些问题上缺乏明确性和透明度，你就不能指望取得优异的成绩。如果高级领导人不能与渴望成功的人沟通，他们就没有机会获得卓越。事情已变得清晰：责任追究。一旦人们了解了公司需要采取的方向，他们就必须意识到自己在赢得比赛中所扮演的特定角色。

在"谁"之后是"什么"。我们做什么才是世界级的？如果答案不明显，那就找出你和竞争对手之间的差距所在。如果答案是明显的，要敏锐地意识到使你保持领先的因素。这些知识将帮助你保持最好的状态，并避免在不支持它的产品和服务上稀释你的卓越。

人们使用"优秀"和"卓越"作为同义术语。然而，这两者是不同的。"优秀"暗示着与他人的区别，但并不一定是稀有的。举个例子，人们可能会评论说，一个四年级的钢琴师是优秀的，但她可能是她班上许多人之一。

另一方面，"卓越"指某个人或某物的存在是非凡的、特别的、罕见的、无与伦比的。莫扎特三岁的时候钢琴弹得非常好，这使他与众不同。而且，他的一生都在不断地提高他的音乐能力，把他区分为既聪明又非典型的人，我们认为优秀也是具有特色的。卓越通常意味着优秀，但并不总是如此。

2013 年 6 月，俄勒冈州的雷德蒙德高中有 29 名毕业生代表，因为学校实行了一项制度，让所有成绩达到最高平均分数的学生都能获得这项荣誉。可以说，这 29 个人都表现出了能够获得此项殊荣的学术才能，但如果有其他 28 个人也有相同的称号，那么这一特殊性就会消失。这个例子也说明，我们已经失去了去决定这 29 个学生是否与班上其他人有所不同的能力，但是，没有一个有决策权的人认识到这些细微的差别，使人们能够认识到其中任何一种的独特或独特的贡献。

这种普遍存在于高中的"人人都有奖"的方法，使得大学招生委员会面临着前所未有的挑战。现在，我们看到一个推动，是由那些参加高级课程并且所有课程得"A"的人发起推动的一个"社团"，此社团中人人都想在毕业的时候成为那个毕业致词的学生代表。然而，传统上，"毕业生代表"这个词意味着非凡的成就，即使和其他同样达到优异表现的人相比。在比赛结束时，颁发的最有价值的球员奖项，不管有多少人打得好，只有一个学生获得。

想象一下，如果全国橄榄球联盟（National Football League，NFL）中的每一位球员，甚至是超级碗（Super Bowl）中的每一位，都能获得最有价值的球员奖，我们将会如何看待。当然，如果我们把他们与最好的高中和大学球员进行比较的话，我们会考虑所有符合资格的球员都是新泽西的优秀球员。但我们不这样做，每年我们挑选出两组优秀的球员参加超级碗，然后从他们中间选出一个，只有一名球员获得该奖项。自联盟成立以来，获得该奖项的只有极少数的人。获得最优秀选手奖项的球员脱颖而出，他们就是"卓越"。

人们也开始用"平等主义"和"精英"来形容他们，好像他们是在进行对话似的。在某个时候，也许是在 20 世纪 60 年代，这些词的情感含义掩盖了它们最早的含义。

"精英"最初指的是一个群体中最精心挑选的成员，而平等主义学说认为，所有人类在基本价值和社会地位上都是平等的。平等主义开始触及社会的各个方面，包括政治纲领、哲学、神学、经济学、教育，最令人遗憾的是，也包括商业。

因为自然并没有赋予所有人平等的美丽、智慧、天赋或动力，平等主义者试图最终废除自然的"不公平"，在不顾事实的情况下建立普遍的平等。因为个人属性或美德不能被"重新分配"，平等主义者寻求剥夺人们的"后果"，即个人属性和美德所带来的奖赏、利益和成就。

20世纪60年代末，作家兼哲学家安·兰德试图解释这种方法的有害本质："将其投射到医学领域，来理解平等主义的意义和动机。假设叫来一个医生去帮助一个断腿的人，不是治疗断腿，而是继续打断其他人的腿，解释说这会使病人感觉好些；当所有这些人都成了残废时，医生提倡通过一项法律，强制每个人都要用拐杖走路。这样才能让跛子们感觉好些，平衡'自然'的不公平性。"6

如果这是难以言喻的，那么当它在人的思想中被实践时，它是如何获得道德的光环，甚至是道德怀疑的好处呢？

当除了学习、天赋和成就以外的其他东西成为偏袒的基础时，其结果在道义上是令人厌恶的。我所捍卫的精英主义并不是基于种族、民族、性别、财富的歧视。相反，唯一的区别是卓越和非凡的表现。我所崇拜和拥护的那种精英，寻求并鼓励卓越。他们不按曲线打分，不会雇用不聪明的人，不保证终身就业，也不会对蠢人有耐心。

这种精英主义不会助长嫉妒，也不会扩大社会的输入量。相反，它为那些塑造了过去的进步思想提供了支持，这将有助于未来的进步，从而使整个社会获得成功。也就是说，它变得更富有、有更高的受教育程度、更具生产力、更健康。

美国人顽固地坚信着个人平均主义的平等神话。我们创造了这样一种文化：在我们的年轻人中，每个人都能得到一个战利品。这种文化演变成了梦想之国，在那里，那些因结果而失败的人不应该认为自己的失败是应得的，而那些公平地获胜的人不应该感到舒适和骄傲。

我们的经济复苏，乃至全球经济复苏，取决于更好的东西，而不仅仅是不同的东西。它们依赖于一种观念的转变，即自我实现，尽管看起来很诱人，但必须与成就的承诺步调一致。

我们需要重新发现理智上的自信，来理清和排序相互竞争的价值观。公平与平等是不一样的，在开始的时候，平等机会并不能也不应该保证在终点线上的平等。那些在终点撞线的人，给我们带来了在新经济中蓬勃发展的最大希望。平等主义和精英主义之间的斗争愈演愈烈，但现在是时候让天平向后者倾斜了。

企业将不会享受到那种似乎遍布我们公立学校的荒谬的评级系统。不是为学生，而是为教师建的学校系统；不是为人，而是为飞机建的机场。在商业中，我们不能忽视这样一个事实，客户和市场驱动着商业，而不是个人喜好。没有工会化的客户想要避免伤害你的感情或损害你的财务自尊。只有那些提供系统的追求卓越方法的公司，才能将自己与竞争区分开来。只有那些在其组织的各个方面都一贯要求卓越的领导者，才会将自己归类为"特殊"的精英。一切都是从合适的人开始的。

4. 天才：将玫瑰和毒藤分开

我们有多少次听到"我们的人民是我们最大的财富"？事实告诉我们一个不同的故事。只有一些精英是真正的财富，关键是要发现他们，培养他们……并知道什么时候该离开他们。这些人将会在生存和繁荣之间产生差别，在超越竞争对手和终点线上绊倒之间产生差异。

在一个时期里，留住精英，任用精英，是一个组织的目标。许多人认为，一个有脉搏的温暖身体是一个更好的替代流动的选择。然后有人开始把执行和数字联系起来。这些贡献很少却付出很多的热情的人，他们无法支撑公司度过艰难的经济时期。在80年代，也就是在波音收购麦道航空公司之前，虽然无数的航空公司经历了这一切，但它们显然没有吸取任何经验教训。

这一悖论的另一个原因是，你不能想当然地认为，你在30年里将拥有同样的天赋，就像领导者曾经所能做到的那样。相反，推动你事业需要的一系列的特点：道德、专业知识、卓越、进取心和经验（Ethics,

Expertise, Excellence, Enterprise, and Experience），我称之为 E⁵ 精英表现模式（E⁵ Star Performer Model）。

这一模式，是你在关键角色中需要的所有优秀精英的基础。然而，你会发现，即使是这个列表也不能充分解释你在组织中需要的精英的表现。当我们审视这些典范和化身时，我们发现历史上真正伟大的人物提供了更多的东西，往往体现了个人魅力、勇气、激情，或者某种无法辨认的东西，我称之为"难以描述的好品质"的因素。

你还会发现，你未来的大赋并不一定来自传统渠道。我们的高等教育机构吸引了来自世界各地的优秀学生，但这些优秀精英往往把他们的教育和才能带回他们的祖国。一些具有前瞻性的组织已经意识到，他们需要制止这种趋势，并以不同的方式招聘人员，以应对他们希望在未来创建的组织。这意味着他们将必须吸引顶级精英，并留在我们的大学和研究生院。商业领袖需要在我们如何教育下一代方面发挥更大的作用。

作家蔡美儿（Amy Chua）试图在她的畅销书《虎妈的战歌》（*Tiger Mom*）中提供一个解决方案，这引起了很大的争议。根据蔡美儿的说法，抚养成功的孩子，那些我们认为是我们组织中的精英的孩子，涉及她小时候所经历的严格的纪律，也正是她的西方母亲所倡导的那种。

在她看来，约会、过夜、看电视和运动都是在浪费孩子的时间。只有学术和音乐课，特别是钢琴和小提琴课，才能为孩子日后的成功提供条件。我不同意。我教过两个很有潜力的中国虎妈妈，唐和乔治。唐的故事有个圆满的结局，乔治的故事有个悲惨的结局。

唐在中国长大，后来搬到美国读研究生。乔治在美国长大。他们都表现出优秀的分析思维、学习技能、职业道德，以及优秀的英语和普通话的掌握能力。然而，他们也有共同的苦恼：他们太把自己当回事了。

唐和乔治在他们的童年时代一直在努力成为成年人，因此他们错过了大多数美国孩子认为理所当然的成年仪式。他们不知道怎么玩，因为他们从来没有玩过。他们从来没有学会在没有支配地位的情况下发挥影响力。

可以说，他们是谈判游戏将如何进行、在谁的院子里、在什么规则下进行的关键精英。他们不知道抓萤火虫，弄脏衣服，没有监督的玩耍，或者凭空设计一个游戏的价值。他们从来没有参加过团队活动，所以不用再去理解团队合作的细微差别了。

我以同样的方式接近了两个人。我从本质上出发，对他们说："你有选择。你可以在几年内经营这家公司，或者你可以继续你现在的经营之路，你将在一年内被解雇。"他们都致力于改善，但只有一个人做到了。唐努力工作，学习人际交往技巧，以改善关系。乔治相信自己的立场是正确的，他选择不改变自己的行为。唐在一年内晋升了两次，乔治在年底前被解雇了。

蔡美儿的指示没有击中目标。成功，特别是在高层，取决于我们在课堂上没有学到的许多课程。在获得领导能力方面，良好的幽默感、快速建立融洽关系的能力、反应能力和容忍度，这些比小提琴课更有意义（你会惊讶地发现，当我指导高管们时，"提高音乐性"的事情很少出现）。

不过，蔡美儿说对了一件事。她坚持认为，成就会影响自尊，而不是相反。我认识的最成功的人都很有成就，也很有自尊心。他们和他们的父母创造了一个从很小的时候就开始的向上的螺旋。他们做得越多，对自己的感觉就越好。无论人们有一位虎妈还是一位温驯的母亲，他们最终所唱的战歌都取决于他们自己。

像蔡美儿这样的书，让我们看到了我们现在和将来生活在不同的精英世界里。我们会想出办法来吸引一些在我们学校上学的精英，但是，然后呢？我们将如何调整我们的管理风格和文化，以适应精英们的期望？我们如何将形成凝聚力传授给那些一辈子都没学过的人，因为他们的一生都在为自己的贡献鼓掌？

我们都看过各种各样的研究，这些研究告诉我们，我们的公司在未来将会变得与众不同，女性、黑人、拉美裔和亚洲人将会获得更强大的地位。我们还知道，随着"婴儿潮"一代的退休，新 X 世代、新 Y 世代、千禧一代，谁知道还有什么其他的称号将会取代领导角色。

关于如何管理不同时代人员的书籍已经开始充斥在我们书店的书架上，大多数书忽视了一个事实，即例外论，而不是世代差异，将决定领导者需要如何回应他们组织的精英需求。作者在这些书中给出了一些建议，说明你必须如何管理和领导你所在组织中的人，这些建议完全基于他们出生的年份。显然，你会自动理解与你同代的那些人，但仍然会被那些不同代的人所迷惑。

这种新的、普遍的、阴险的"主义"正在席卷全国，如果不是全世界的话。那些从来没有梦想过从事性别歧视或种族主义的人，不会毫不犹豫地跳上"世代主义"的潮流。许多专家纷纷出面解释，管理者应该如何以不同的方式对待每一代员工。但在你投入时间之前，考虑一下这个问题：比尔·盖茨，比尔·克林顿——"婴儿潮"一代。汤姆·汉克斯，迈克尔·乔丹和杰勒诺，也是"婴儿潮"一代。奥萨马·本·拉登，也是"婴儿潮"时期出生的人。谁能告诉我这些人有什么共同之处？如果"婴儿潮"一代的这一简短的列表中存在着如此多的多样性，那么在你的组织中，每一代人都存在着独特性和多样性，这难道不是有道理的吗？

世代主义为懒惰的管理者提供了一个借口，让他们不去欣赏每个人的独特贡献。除了把时间浪费在研究这个从未被证明的理论上，你还会陷入偏见之中，这些偏见肯定会阻碍你识别你的优秀员工。最优秀的精英不分年龄、性别、种族或宗教信仰，但是，他们有三个共同的特点：他们足够聪明，能够胜任这份工作，他们有动力把工作做好，正直可信。在整个历史上，所有对人类进程产生积极影响的伟大领袖都体现了所有这些特点。当然，每一代人都来自不同的年代——即使不是几千年，也常常相隔数百年。你可能不需要更多地了解每一代人的喜好，但你需要了解的是如何更好地评价人们——如何评估顶尖精英——因为我们所生活的新世界中没有特别的精英错误空间。

结论

    卓越的组织就像磁石一样吸引精英，因为精英本身的特性就要求自己表现出众，并与同样要求自己的人交往。他们希望有能力做出决定来改善公司和自己的生活，他们希望将自己的卓越与一个通过卓越求得与众不同的雇主保持一致。他们将热切地使用"大数据"，但坚持认为它与"大智慧"是一致的。他们自己，将把这种智慧传授给他们，但同时，他们也将要求那些对他们有影响力的人实践这种智慧。

    这些精英渴望一种以行动为导向的文化，只要有新的信息或学习方向，表明他们应该改变时，他们就会对这种文化做出反应并重新创造自己，因为他们明白新的世界秩序要求更多的方向、更好的文化、卓越的表现和精英的表现。简而言之，他们希望为那些努力进行战略思考、大幅增长、聪明地提升和成功竞争的公司工作，不管是现在还是将来。这种组合可以让他们走到最前面，让一个胜利者引领前进。

第二章
权衡优势：如何在行业中更具竞争力

> 只有那些懂得思考的领导者，才会权衡自己永恒的和瞬时的优势，将其作为战略原则和竞争优势的基础，并在竞争中胜出。

希腊神话故事里，英雄忒修斯历经千难万险，杀死了怪物弥诺陶洛斯，在克里特公主阿里阿德涅的帮助下，利用一个线团逃出了克诺索斯迷宫。学者们将阿里阿德涅之线作为一个隐喻，用来比喻领导者如何帮助他人找到走出迷宫的方法和路径：保持大量记录，迷失时迅速返回到上一个清晰点。尽管阿里阿德涅用她的红纱线帮助了忒修斯和其他人，但这种方法将使现今的领导者陷入一个仅仅解决问题的穷途末路中——而不是对公司的未来做出大胆的决策，而只有决策才能为企业在新的经济中实现增长和成功奠定基础。

历史告诉我们，成功的先决条件有：勇敢的领导、大胆的方向、明确的目标和系统化的实施方案等，而这些也可能带来灾难。为什么呢？决策者必须基于对未来的设想做出具有深远影响的选择。当然，这个悖论一直都存在——不能预言未来，这并不是什么新鲜事。但是有一个现象却使情况变得更加复杂：与过去相比，世界日新月异的速度越来越快，很多被变化裹挟着的人们并不符合未来发展需求。

许多领导者不确定自己是否有能力制订一个可信的成长战略，尽管有大量证据表明他们有这个能力——事实证明，最好的战略来自务实的商业领袖，他们愿意并有能力为自己的企业考虑未来取舍。战略不会自动生成，但是，成功的领导者将会采取系统化的方法来为组织设定方向，并制订日常战术来支撑目标的实现——一切都是为了建立组织的竞争优势。

朝着卓越方向前进

每个组织都有自己的发展方向。然而，大多数情况下，领导者往往并不是有意识地选择了这个方向，而通常是基于当下所处的环境所做出的反应。他们忙于制订隐性而被动的决策，或创造旨在安抚股东和分析师的短期收益。他们花费大量的时间在艰巨的工作上，往往因为没有选择正确的赛道而导致徒劳。

在大多数组织中，你会发现懂得如何高效运营的人更多，而能够决定组织该开展何种竞争的人只占少数；善于利用纯熟技能创造短期成果的人占到大多数，而能够被称为卓有远见的战略家的人少之又少。为什么会出现这种情况呢？因为在需要以"是什么"作为重要先导的时候，他们一上来就先问"怎么做"。

· 什么将决定我们的组织的性质和方向？

· 什么政策和关键决策将对我们的财务状况产生重大影响？

· 什么决定将牵涉重大且不可逆转的资源保障？

有远见的领导者知道，要想赢得竞争，他们需要了解他们的指导原则和竞争优势中哪些东西应该保持不变，哪些东西可以改变，只有这样，他们才能超越普通人。正如彼得·德鲁克（Peter Drucker）曾经告诉我们的那样：毫无疑问，没有什么比高效地做一件根本不应该做的事更无用的了。[1]

28

永恒优势

企业的使命是它永恒优势的根基。正如圣杯在十字军东征中扮演的角色一样，企业使命应该在组织中承担至关重要的角色。它定义了组织存在的理由，它是评估组织的策略、行为的试金石，它是战胜竞争对手的期许。如果没有使命，将会导致资源分散，导致组织的各个部门各自为政，制造相冲策略，并混淆客户、供应商、金融家和雇员。企业使命应当能够回答以下问题：

- ·我们为什么存在？
- ·我们的业务是什么？
- ·我们的目标客户是谁？
- ·我们的客户看重什么？

沃尔玛的企业使命中提到的"为顾客省钱，让他们生活得更好"回答了上述四个问题。但是，很明显地，从2012年的改变来看，沃尔玛的决策者们遗忘了这个使命。高管们现在承认，他们误判了形势，正在调整自己的战略。但代价是什么呢？分析人士一直担心，在再次改变方向的转型过程中，沃尔玛曾经拥有的无论怎样高等规模的顾客都有被疏远的风险。在这种情况下，不是大卫杀死了巨人，而是巨人自杀了——这正是由于偏离使命而导致的不幸。

与大多数营利性组织不同，非营利组织是由使命驱动的。因此，他们投入大量的精力来思考确定他们的使命是什么。他们避免使用那些充满善意但笼统概括的陈述，专注于那些对其成员的工作有明确影响的目标。救世军努力使被拒者成为公民，女童子军帮助女孩蜕变成有自信、有能力、懂得尊重自己和他人的年轻女性，仁爱之家则是给予帮助而非施舍。同理，非营利组织脑海中首先想到的应该是顾客，而不是经济利益。

团结一致——将社区、社会和服务者等成员团结在一起并建立联系，铸就了非营利组织的成功。但是，锁定目标任务才是成功的营利组织的特征。交响乐团的使命不是试图去医治病人，而是演奏音乐；医生的使命是照顾病人，而不是演奏贝多芬交响乐。事实上，正如德鲁克所指出的那样，只有专注于一项任务，组织才会有效，多样化会破坏组织的执行能力。社会和社区必须是多维的，它们是环境，但组织是工具。工具越专门化，它执行给定任务的能力就越强大。[2]

公司能够区别于竞争对手的产品和服务的能力和意愿是永恒的核心。当你建立了一个坚实的基础——你的"忒修斯之船"——你将保留能够定义你的组织的各个方面，摒弃陈旧和腐朽的一面。当你知道了它们的区别，你就能够武装自己和他人，充分利用你的永恒优势，但绝不以牺牲你的瞬时优势为代价。

瞬时优势：准时制组织

"准时制组织"（Just-in-Time Organization）是一个与制造业相关的术语，它描述了这样一种组织：该组织认为速度是最重要的，大致正确的决定必须取代精确但缓慢的思考。这种类型的组织展示了一种在紧要关头灵活改变而不影响全局的能力。

90多年前，亨利·福特就提出了准时制的概念，但最近由于人们普遍希望能用更少的资源更快地完成更多的任务，这一概念受到了关注。那些采用了所谓的"准时制"形式的公司已经获得了可预见的利益。他们将库存和与之相关的成本降到最低，消除或大幅减少了浪费，而且一直在高效率地生产高质量的产品。这种方法最重要的好处是在决策者、运营人员和客户之间建立了密切的关系。这些关系显然也存在于制造业之外的行业。

对意料之外的成功的反应能力也可以用于说明瞬时优势。例如，跨越多领域的医疗保健公司爱力根（Allergan）的科学家们在专注于发现、开发和商业化创新药物的同时意外发现了其产品比马前列素（Bimatoprost）[①]

---

① 比马前列素被认为是目前降眼内压作用最强的局部抗青光眼药物。——译者注

30

的新市场。这些眼药水最初是用来控制青光眼的发展的，科学家发现它也有促进睫毛生长的作用，于是，睫毛增长液拉提斯（Latisse）也就应运而生了。

在寻求并获得美国食品和药物管理局（Food and Drug Administration, FDA）对拉提斯的批准后，这家制药公司聘请了波姬·希尔兹（Brooke Shields）为他们的"新"产品在尚未开发的市场进行推广。如今，数以万计昂贵而迷你的拉提斯已经进入了千千万万女性的药柜，为了拥有颜色更深、更长的睫毛，她们每月需支付 200 美元左右。

随着时间的推移，非营利组织的自身优势也会发生变化。例如，兰德（RAND），第二次世界大战的产物，致力于发展和促进科学、教育和慈善，促进美国的公共福利和安全。战争的余波揭示了技术研究与发展对战场成功的重要性，军队以外的各个领域的科学家和学者的广泛参与使科技发展成为可能。

兰德开发了一种名为"系统分析"（Systems Analysis）的方法论，其目标是"向军事决策者提供信息，增强他们的判断能力，为更明智的选择提供基础"。随着兰德的日常工作事项的演变，系统分析演变为社会政策规划和分析的方法论基础，被广泛应用于城市衰落、贫困、医疗保健、教育等领域，也被用来改善市政服务的效率和效能，如提高治安保护和消防安全。

如今，兰德的工作仍在继续反映并影响美国的社会议题。兰德公司的一部分工作是研究美国人日益流行的肥胖症，而另一部分则从对卡特里娜飓风（Hurricane Katrina）的军事应对中吸取了经验教训，致力于研究可用于应对未来军事灾难的策略。一个部门分析了《不让一个孩子掉队》（*No Child Left Behind*）下的标准问责制，另一个部门则详细分析了如何减少政府控制薄弱地区的恐怖威胁。在广泛的学科领域中，兰德研究的特点是独立性、客观性、不偏不倚、高质量、科学严谨性、跨学科的研究方法、实证基础，以及致力于改进当今重大问题的决策制订。[3] 兰德公司并没有忘记其最初的使命，还继续成了分析和信息的即时来源。

平衡永恒优势和瞬时优势的七个秘诀

传统上，商业作家和理论家建议领导者坚守本行，但也有人则是要求领导者灵活转变。显然，把握好平衡至关重要，但商界领袖如何才能协调好这两种声音，创造出美妙的音符呢？

·与客户保持密切联系。兰德和其他公司为企业领导者应如何倾听客户建议树立了一个最好的榜样，听取最好的客户的建议，而不是所有客户的建议。预测需求，感同身受，并提前想出解决办法。没有人能告诉史蒂夫·乔布斯（Steve Jobs）要发明什么或者"下一个最好的东西"是什么。

·建立客户视角导向。战略家们经常提到客户之声，即VOC（Voice of the Customer）。虽然客户之声很重要，但客户视角也扮演着重要的角色。积极的决策者通过客户的视角来看待这个世界。如果不是从顾客的角度看，拉提斯不会被发现，企业也将失去竞争优势。

·奖励对企业有益的行为。认同组织各个层面上的个人的价值，并听取他们的反馈。

·为不再能支撑你的永恒和瞬时优势的产品、客户和服务制订一个退出策略。

·迅速制订预算。不要把自己捆绑在三年战略的预算决策上，要根据情况实时调整预算。每个季度都要做预算，将资金决策的控制权分配给不负责部门或业务的公正的团体或个人。此外，不要抱有"在财政年度结束前支出，否则你明年就得不到"的心态。奖励那些返还预算结余的人。

·让最聪明的人负责风险决策。最聪明的人，不一定是最勤奋的人，应该做与创新和风险相关的决定。你最不想要的就是一个能主动决定你公司未来的白痴。平衡实验，这需要时间和快速分析。

·对高层领导进行无缝、快速、赞赏的反馈。消除指挥链中的障碍，替换成简单便捷的方式。

我们长期接受商业巨头、著名投资人沃伦·巴菲特（Warren Buffet）

的商业建议，现在是时候用乡村歌手吉米·巴菲特（Jimmy Buffet）的歌词来总结这个智慧了："我没有花太久的时间思考这个问题。我饿了，出去吃了一口。"只有那些充满渴望、懂得思考多长时间的领导者，才会权衡自己的永恒和瞬时优势，将其作为战略原则和竞争优势的基础。

把你的战略原则转化为财务成果

成果始于强大的战略原则，战略是一个组织想要实现的共同目标。战略原则有助于指导公司金钱、时间和精英等稀缺资源的分配。

战略原则不仅仅是目标的简单集合。更确切地说，战略原则应以构建可持续竞争优势为本，权衡相互竞争的资源，测试特定计划的可靠性，为决策者的运作设定清晰的界限。

设定并秉承一个简洁明了、记忆深刻的行为纲领能够帮助人们时刻集中目标。沃尔玛"每天都低价"的战略原则在 2012 年的时候受到了挑战，他们试图以高收入群体为目标顾客销售时尚服装，但这一挑战以失败而告终，并付出了惨重的代价。

一个深思熟虑的战略原则决定了组织的激情、卓越和盈利能力的共通点。在非营利组织，战略原则代表着它的特殊贡献。从图中可以看出，成功是三者的交集。

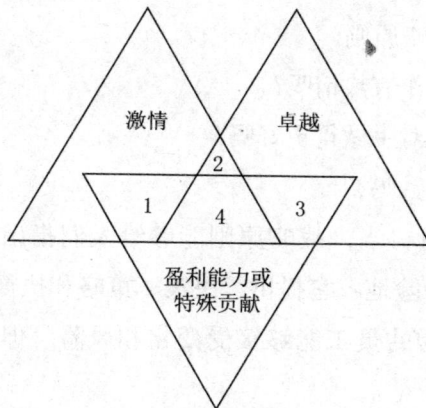

如果你的组织还处于第1阶段的运行中，你可能会经历一些短期的成功，精英会自发地被吸引并为你工作——最初。那些能够从事自己感兴趣的工作，并从中获得丰厚报酬的人，往往可以在短期内继续做下去。但是如果你不是最好的，聪明人很快就会发现——竞争对手很快就会超过你。

没有盈利能力的激情和卓越，或者第2阶段，你甚至都得不到短期内的成功。这种不受约束的导向——只做你喜欢做的事——不考虑市场，只会带来短暂的乐趣，这种乐趣只会持续到你的账单来临之前。在这些类型的组织中，大部分有天赋的人都不会待太长时间。

第3阶段是激情燃尽。你可以努力做自己擅长的事情，这会让你赚很多钱，但除非你对它充满激情，否则你不会在这方面做很长时间。精英不应是浅尝辄止，他们应乘风破浪。如果对工作失去激情，他们就会倦怠。

卓越组织持续成功的秘诀在于第4阶段，激情、卓越和盈利能力的共赢。这些公司有高质量的产品和服务，不断鼓励员工开发更新更好的产品。只有在这里，当你努力创造竞争对手无法匹敌的产品或服务时，你的组织才能兴旺发达。

当公司面临变化或动荡时，战略原则就像灯塔一样防止船只搁浅。它有助于企业保持一致性，同时也给经理们一定的自由来做出适合他们所在部门的决策。即使当领导层发生变化，或者经济形势发生变化时，战略原则应依然不变。它帮助决策者知道什么时候开发新业务、产品和制造商。面临选择时，决策者将能够通过简单的三问法作为试金石来测试他们的选择是否符合公司的战略原则：

· 我们对这项工作有热情吗？

· 我们能比竞争对手做得更好吗？

· 它能让我们赚钱吗？

如果设计和执行得当，战略原则能够给人们指出明确的方向，激励他们灵活应变，勇探险地。它提供了决策、策略和执行的考虑准则，要求人们不断发展。优秀的员工能够接受变化和风险，但了解必须置身风险

34

时，他们会竭尽全力。这促使精英成为变革的代理人和拥护者，而不是异见者。

你的竞争优势

　　使命与战略原则——都是超越平庸的组织的基石——通常不会带来最困难的问题。战略原则不在于明确要做什么，而在于想方设法来确保做到的比应该做的更多，即利用你的竞争优势。

　　我们之所以还没有改变，是因为短期内还有回报：只有经历了混乱与不安，才更能感受到建立准则的紧迫性。我在无数公司的工作经验告诉我，战略制订的必然结果并不包括洞察力分析——尽管这是必不可少的第一步：它需要决心。人们必须下定决心，确定他们想要一个不同的未来，坚定地践行改变，以达到理想的状态——保持战略战术一致，创造竞争优势。有了这种心态，领导者会有意识地牺牲一些现在的回报，以实现更好的明天。从特里戈（Tregoe）的作品中可以看出，这种平衡是这样的：[4]

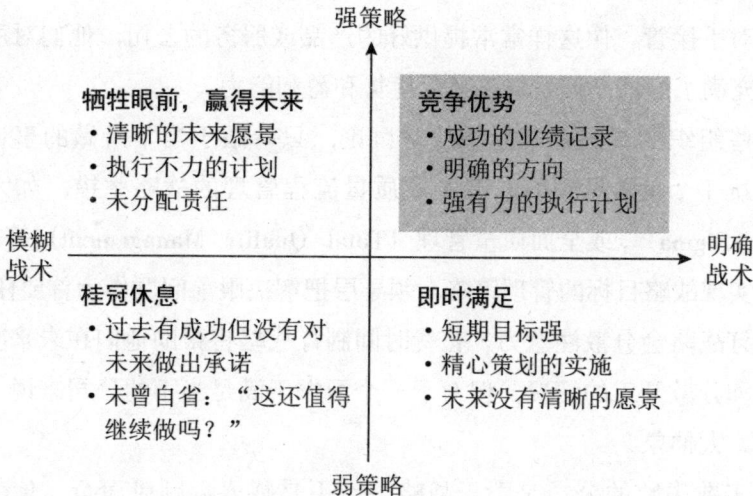

强策略 ↑

牺牲眼前，赢得未来
- 清晰的未来愿景
- 执行不力的计划
- 未分配责任

竞争优势
- 成功的业绩记录
- 明确的方向
- 强有力的执行计划

模糊
战术 ←──────────────────────→ 明确
战术

桂冠休息
- 过去有成功但没有对未来做出承诺
- 未曾自省："这还值得继续做吗？"

即时满足
- 短期目标强
- 精心策划的实施
- 未来没有清晰的愿景

弱策略 ↓

　　每一个象限都代表着公司运作的可取或不可取的方式。

"竞争优势"象限代表一个已经建立了竞争优势的组织，并且有强大的战略和明确的战术来支撑竞争优势的形成。根据经过验证的业绩记录，公司挖掘出了促成过往成功并将保障未来成功的决策经验。响应客户的需求、开发高端的产品、实施有效的操作、确定合理的财务目标，该组织已经认识到战胜竞争对手的必由之路，并明确了战略实现手段。

　　处于这种情况的公司不断地找寻方法以强化他们的力量。领导者能很好地适应变化，乐于尝试新方法、新想法。他们不会轻易地满足于"好的"，而是不断地挑战自己和他人，不断进步，就像艺术大师一样，他们不断地挑战自我。

　　有明确竞争优势的公司往往致力于追求卓越，成功的组织必然经受住了时间的考验，并且能够充分保障未来的发展性。既然决定追求卓越，激情与利润必定常相随。

　　处于"即时满足"象限的组织通常会获得短期成功。尽管目前有一定的盈利能力，但它们缺乏强有力的战略。他们过去的成功已然实现，但未来的成功无法预知。通常情况下，医院和制造商通常都处于这种运行状态，在一定时期内，这些组织可以通过努力挣扎来维持运营，但最终将会被竞争对手接管。像这样常常提供好的产品或服务的公司，他们对所从事的工作充满了激情，但是缺乏显著优势和盈利能力。

　　这些组织的成员经常拒绝战略讨论，只着眼于当下所做的事情。在这些情况下，我常见到的改善企业质量流程管理的战略举措，如六西格玛（Six Sigma），或全面质量管理（Total Quality Management）等，都是有助于实现战略目标的管理策略。领导层把解决眼前问题作为首要任务，认为制订战略会分散注意力。花费时间制订战略将帮助他们在未来减少浪费时间和分散开工的情况，但对于一个习惯于满足当下的公司来说，未来太遥远、太抽象。

　　大多数失败的公司是毁于战略，而不是战术。顺风而行，他们跑得最快。他们可能拥有很强的日常战术，但选择了错误的方向或同时选择了太多的方向。换句话说，问题通常不在于能不能生产出高质量的产品或服务，而是在于他们不了解未来的客户需求。

"牺牲眼前，赢得未来"象限描述的是偏好投入时间与精力来研究制订强大清晰战略的公司。他们往往败于没有制订具体的执行方式。一些高科技公司和制药公司就是这个类别里很好的例证。这种情况通常是领导者没有做好职责分工就结束了战略制订议程。当人们的既得利益、个人利益与企业产出不挂钩的时候，企业的各种战略战术、执行措施都会暴露于风险之中，更别说整体成功了。

领导者面临的挑战是需要提供有据可循的方式方法——一种能够指导决策的构架，并能作为应对肆意增长的快速简易解决方案的制衡。这需要审视哪些行业发生了变化，哪些客户需要组织响应，哪些客户需要组织拒绝。决定你要放弃的业务和决定你想要的业务一样重要。

"桂冠休息"象限，即躺在过去的辉煌上睡大觉的公司在苦苦挣扎。大多数大型航空公司都属于这个情况。他们可能有明确的方向，也有一些强有力的领导者和忠诚的员工，曾通过规划流程和完善系统来驱动企业发展。不管出于什么原因，这些过去的辉煌已不在。显然，没有人意识到，"这还值得继续做吗"。通常情况下，长期处于这种状态的公司都无法长久存活。

如果你的公司尚未建立竞争优势，你必须先摒弃那些无效的战略战术，抛开往日决策，为未来做好决策。如果你的组织在"竞争优势"之外的象限运行，你必须首先摆脱那些不再产生结果的策略，开始放弃昨天的决定，以便为明天做出关键的决定。你必须下定这种决心来延迟满足感（建立竞争优势的过程中常常伴随短期运营受损）。

真正的战略不在于找出该做什么，而在于想出办法来确保我们做到的比常人意识到的要更多。变革的最大障碍是觉得"目前为止，一切皆好"，领导者往往满足于现状——或者是好的——而不是求新变异。这类领导者注定要为自己和企业雇用优秀的，甚至是非常优秀的员工。但他们无法吸引精英。球星想要为最好的球队效力，而不仅仅是好的球队。

　　成功的战略不是通过成为"大多数人，大多数情况"构建的，它必须是每个人各司其职，齐心努力，以实现共同目标。只做平常事，并不能建立竞争优势，每个人都得抵制那些误导你偏离中心的诱惑。

　　通常我们知道该做什么，找出显而易见的问题并不困难，然而，做需要做的事情并不总是那么容易。没有无声的神秘疗愈，我们都知道应该做些什么来提升自我，但当我们走出舒适地带，不安来临的时候，往往又会退缩，不去改变。[5]

　　总部位于圣路易斯的企业租车（Enterprise Rent-A-Car）就是一个最佳实例，这家公司充分利用了它的永恒优势、瞬时优势和竞争优势。第二次世界大战结束后，曾在"企业号"（the USS Enterprise）上服役的海军战斗机飞行员杰克·泰勒（Jack Taylor）回到了家乡，开始了他的事业。他很快发现，倾听客户意见是他发现的自己最佳机遇的绝佳路径。

　　杰克并没有打算成立一家汽车租赁公司，企业租车最初只是一家名字不同的汽车租赁公司而已。随着时间的推移，他的租赁客户要求在店里出租他们的汽车，杰克开始提供日常租赁服务。从最初的 10 万美元和仅 7 辆汽车的投资，企业租车已经成长为价值150 亿美元的全球巨头，在 7000多个地方拥有超过 7.4 万名员工。多年来，泰勒和他所雇用的员工一直坚守着他们的使命："填充商务租车、汽车销售市场的空白，满足顾客需求，并超越顾客对服务、质量和价值的期望。"

　　我们常听说赫兹（Hertz，全球著名的汽车租赁公司）是行业老大，可是艾维斯（Avis，全球著名的汽车租赁公司）更努力。艾维斯试图与独角兽公司（估计市值超过 10 亿美元的创业公司）的汽车租赁业务合作，但并没有创造任何优势。企业租车知道得更清楚。

　　企业租车并没有试图让你更快地离开机场，因为这是赫兹的市场。尽管他们确实比其他所有公司都更努力地为顾客提供更好的客户服务，但他们并没有宣扬这一点。他们反而告诉你，他们会来接你。但是，如果企业租车没有听取员工提出的这一建议的话，他们可能就遗失了当前的竞争优势。

他们成为向发生事故的人提供替代汽车的头号供应商。现在他们通过与保险公司合作建立了一个成功的业务，顺便说一下，他们现在也能让你迅速离开机场。但事情并不是这样开始的。

你们行业里谁是独角兽？你是在模仿，复制，还是仿效？如果是这样，你很可能永远排在第二位，永远不会发现，更不用说利用你的瞬时优势了。无论你是一个独立的顾问还是一个大公司的高管，我猜你花在分析自己特殊贡献上的时间太少了。

与其追逐或试图越过眼前的竞争对手，那些学会利用自己瞬时优势的领导者会把游戏变成一个他们能赢的游戏。客户响应性是企业成功的主要原因，但并不是全部。企业租车的决策者也注重客户体验，他们听取一线员工的建议，员工帮助公司率先进入租车业务，还有一名咨询师提出了一项构想，为公司提出了现在被定义为"我们来接你"的服务。[6]

你能做到哪些其他人做不到的事情？离开之后谁会留恋你呢？针对这些问题的答案会给你一种竞争优势的感觉，这种优势让你与众不同，让你变得更好。不要追逐或试图越过你眼前的竞争对手，把游戏转变成一个你能赢的游戏，然后制订可靠的计划，以确保实现战略目标。

战略与决策之矛盾

最优秀的领导者会把最重要的任务做好。他们需要有良好的判断力，并能做出最终的决定。大多数情况下，任何组织的高层都不会以热情、善良或愿意长时间工作来评价你。他们有一个评价你的标准：你的判断力好吗？因此，充分利用你的判断优势，避开个人和团队决策中的隐藏陷阱，可以为你提高自己的决策能力和提高团队效率找到两种最可靠的方法。

当团队成员做出有效决策时，他们可以很容易地贯彻实施。之所以能够这样做，是因为他们很好地利用了时间和资源，从而得出了正确的，或者说至少是经过深思熟虑的结论。当然，这个过程也会有些问题。这里有一些事项值得注意。

1. 群体思维陷阱

1972 年，社会心理学家欧文·詹尼斯（Irving Janis）首次将"群体思维"定义为一种现象，即决策者在不经过审查的情况下接受提议，压制对立的想法，或限制分析和分歧。历史学家们经常将诸如珍珠港事件、猪湾入侵、越南战争、水门事件和"挑战者"号灾难等事件归咎于群体思维。因此，群体思维导致团队对数据和可选项的不完整检查，这可能导致参与者对复杂问题的简单处理。

"挑战者"号灾难的决策揭示了群体思维的每一个因素都可能导致悲剧的产生。"挑战者"号在空前的低温下发射升空。在灾难发生的前一天，NASA（美国国家航空和宇宙航行局）的高管们曾争论低温是否会导致 O 型环密封圈失效。他们认为现有证据不足以论证问题的产生，但更完整的数据表明，有必要推迟发射。

凝聚力和屈从压力可能解释了造成群体思维困境的两个主要原因。NASA 和莫顿聚硫橡胶公司（Morton Thiokol）的科学家们感受到了来自他们的老板和媒体的压力，他们需要找到一种方式来坚持他们的计划。由于该组织不鼓励持不同意见的人，所以导致了一种意见一致的错觉，集体合理化使得决策者可以限制他们的分析，导致他们倾向于一个特定的结果——按时发布。[7]

由于太空飞行取得了非凡的成功，决策者们产生了一种坚不可摧的幻觉，这种幻觉建立在过度自信的心态之上。毕竟，自 1967 年阿波罗 1 号太空舱起火以来，NASA 没有失去过任何一名宇航员。从那之后，NASA 完成了 55 项成功的任务，包括把人类送上月球。NASA 的科学家和美国人民都开始相信决策者不会做错事。

群体思维的任何一个因素都可能破坏决策，但在"挑战者"号的例子中，他们通过展示大部分症状引发了惨痛结果。当你陷入集体思维的阵痛时，你不能总是看到或理解正在发生的事情。这就是为什么你需要在丑恶苗头露出之前就采取措施避免失败。

2. 框架失败陷阱

当你或你的组织面临重大决策时，作为高层领导，你的主要职责之一是为你自己和其他人制订问题框架。就像一幅画的框架一样，它可以决定我们如何看待某种情况，如何理解它。通常，一幅画的框架并不明显，但它强化了艺术作品，它引起人们对作品的注意，并将它与房间里的其他物体分开。

同理，在决策过程中，框架构建了一个思维边界，将某种情况的特别之处圈定，勾勒出它的关键要素，并创建出一种有助于理解它的架构。心理框架帮助我们在复杂的世界中航行，这样我们就可以成功地避免解决错误的问题，避免用错误的方法解决正确的问题。我们的个人框架构成了我们观察世界的镜头。教育、经验、期望和偏见塑造并定义了我们的框架，就像群体成员的集体观念塑造了他们的框架一样。

理解框架的力量的人也知道框架的影响力之大。他们已经认识到，建立其他人会在其中查看决策的框架就相当于决定了结果。作为一个高层领导，你有权利也有责任去决定结果。即使你不能根除所有根深蒂固的扭曲思想，你也可以在你的决策过程中通过这样的测试，改进你的决策质量。有效的框架提供了一种提高决策质量的方法。

3. 复杂性陷阱

人们常常在实用主义的成功面前寻求不必要的完美。问题的产生部分源于一个心照不宣的理念，那就是，在某种程度上，简单代表着无知、粗糙或尴尬。这是一个过度复杂化的观点。

奥卡姆剃刀定律（Occam's Razor）：最简单的答案通常是我能告诉

你的最好的答案，让我们保持这种简单。有效的框架可以帮助你利用奥卡姆剃刀定律。奥卡姆剃刀定律源自14世纪英格兰的逻辑学家、圣方济各会修士奥卡姆的威廉，即"如无必要，勿增实体"。"剃刀"一词指的是剃掉一切妨碍简单化的东西，尽可能少做假设，消除那些毫无影响的假设。在所有条件相同的情况下，选择最简单的解决方案。

4. 维持现状陷阱

对失败、拒绝、改变或失去控制的恐惧——这些通常是毫无根据的恐惧导致决策者思虑错误的信息，过于依赖现状。根据心理学家的说法，许多人固守现状是源于我们的内心深处。为了保护自尊心，我们拒绝采取任何可能导致责任、责备和遗憾的行动。什么都不做、固守现状是更安全的做法。当然，保持现状应该一直被视为一个可行的选择。但是，出于恐惧而坚持，会限制你的选择，并影响有效的决策。

5. 锚定陷阱

"锚定效应"是一种过度依赖现状的有害的心理现象，它描述了人类在做决定时过度依赖或"锚定"某一信息的倾向。当人们过分重视事件的一个方面时，就会出现这种情况，从而导致在准确预测其他选择的可行性方面出现错误。

根据研究，大脑会不自觉地给予第一次信息、初次印象、初步价值判断过多的重视。然后，当我们调整思维以考虑其他环境因素时，我们倾向于遵从这些最初的反应。一旦有人定下了基调，通常会形成导向，导致先入为主。

大多数人在相对领域比在绝对领域或创造性思维方面做得更好。例如，我问你，是否你认为某个城市的人口超过10万，你的头脑会诱使你将10万作为相对的参考框架，而不是自己想出一个数字。

为了避免落入锚定陷阱，不要暴露太多信息。一旦你给出了自己的意见，形成了信息，其他人就会倾向于屈从你的高层领导地位，附和你的价值观和想法。当这种情况发生时，你就失去了从各种角度考虑问题的机会。

6. 沉没成本陷阱

维持现状和锚定效应与另一个决策陷阱密切相关：不愿意承认沉没成本。沉没成本陷阱描述了在亏损状态下仍然选择把良币投入劣市的倾向。你已在某事上投入了金钱或其他资源，并不意味着你应该继续在其上浪费资源。有时，反向行事才是更好的选择，但由于我们对之前的决定有着不合逻辑的依恋，在某件事情上投入越多，就越不愿意放手，越夸大它的价值。

沉没成本表示不可收回的过去支出，在决定是否继续项目或放弃项目时，通常不应考虑这些支出，因为你无法以任何一种方式收回成本。然而，为了证明过去的选择是合理的，我们想要坚持我们曾经设定的路线。我们可能清楚地意识到沉没成本与当前的决策无关，但却在我们心中挥之不去，导致我们做出不恰当的决定。

7. 推理判断陷阱

事实是你的朋友。当你要做一个不熟悉或复杂的决定时，可验证的证据是你最值得信赖的盟友，但也是许多高层领导所拒绝的。他们不会踏实地寻找明确的信息，而是满足于其他人选择提供的数据，寻找能够支持他们既有想法的信息，屏蔽与之相左或与以往经验相矛盾的信息。当猜测或概率引导你的决定，或者你允许它们影响别人的决定时，你就陷入了信息太少或信息错误的陷阱。

事实是你的朋友，但它们是难得的盟友。推理判断更有影响力、更普遍，它们往往主导讨论并推动决策。对于未经训练的人来说，这个推论可以作为一个令人信服的事实呈现出来。推论代表人们推断的结论，有时是基于观察到的信息，有时不是。通常情况下，推论起源于事实，但当越过已知数据进入假设和猜想范围的时候，事实与推论就分离了。

错误的决策解释了组织以战略之名所犯的诸多惨烈失误。尽管领导团队在两天的战略制订会议上做出了最大努力，但公司状况依然没有改善。或者说，它以错误的速度朝错误的方向前进。更常见的情况是，该组织进入了正确的竞争领域，但却中途开溜。

实施：事故现场

突破性的产品、花里胡哨的服务或前沿尖端的技术都能让你置身于游戏之中，但只有坚定地实施一个成熟的战略才能让你持续地走下去。你必须能够传达——将你的卓越战略和操作决策转化为行动。当然，这一切都始于一个明确的使命、一个强有力的战略原则和一个精心制订的充分利用竞争优势的战略。清晰的战略引导管理过程，漂亮的业绩将兑现战略。然而，如果你像许多高管一样，为了提高绩效，过于频繁地谈论功能障碍症状，而不是找寻根本原因，将注意力都集中在找寻哪里出了问题，而不是思考为什么行不通，这就解释了开发人员对"彗星"的质疑。

引领喷气式飞机时代的国家都有明确的战略：美国和英国都希望在空中竞赛中获胜，以提供第一次飞越大西洋的喷气式飞机服务。但实施上的差异决定了最终的赢家。

一旦开始，争夺空中优势的竞争迅速发酵。莱特兄弟在小鹰号上飞行不到 50 年后，英国发射了第一架商用喷气式飞机"彗星"，但荣耀转瞬即逝。这架革命性的"彗星"受到了诅咒，它有一个灾难性的、无法解释的缺陷。随后，一个不为人知的西雅图公司将新的竞争对手——波音 707喷气式客机送上了天空。

1958 年 10 月，英美航空竞争达到了高潮。这些竞争波及了两个国家，两家全球公司，两支杰出工程师团队。这次英美航空公司的竞争是在英国海外航空公司驾驶的彗星和泛美航空公司驾驶的波音 707 之间开展的。直到 1958 年，乘船横渡大西洋的人比坐飞机的人还多，只有不到 1/10 的美国成年人曾经坐过飞机。如今，90% 的成年人都乘过飞机。

其实，航空竞赛早在 1958 年之前就开始了。1952 年秋天，美国主要国际航空公司泛美航空公司的总裁胡安·特里佩（Juan Trippe）决定不再等待美国制造商给他想要的东西。他订购了三架英国"彗星"飞机，还发出了另外七架的邀约。艾迪·里肯巴克（Eddie Rickenbacker），第一次世界大战的美国飞行高手、东方航空公司的负责人，做出了一个更加大胆的声明。他将支付 1 亿美元购买 35 架"彗星"飞机，但他希望在 1956 年之前实现交付。杂志将 1953 年称为"加冕年和彗星年"。《时代》杂志称"彗星"飞机为"空中的新女王"，但这一声明来得太快了——似乎是在谴责"彗星"冒险赢得竞赛。

1954 年 1 月，"彗星"飞机轰鸣着从罗马机场的跑道上呼啸而过，爬升了 2.6 万英尺。不久，"彗星"飞机爆炸了，机上人员全部遇难。有传言说意大利上空的爆炸是人为破坏造成的，但这并不是"彗星"飞机第一次发生灾难。此前，一架"彗星"飞机在从加尔各答机场起飞仅 6 分钟后就解体，造成 43 人死亡。当局认为这架飞机是被一场猛烈的雷雨毁坏的。

另外两架"彗星"飞机在事故中也遭受了严重的破坏，飞机起飞后突然发生了意想不到的翻转滚动，飞行员陷入困境。然而，没有人归罪于飞机质量。很快，英国海外航空公司的舰队中剩下的 7 架"彗星"飞机都重新投入使用。16 天后，另一架"彗星"飞机在第勒尼安海上空爆炸，机上所有人全部遇难。撇开蓄意破坏和雷暴理论不谈，显然"彗星"飞机有一个不可思议的缺陷，那就是速度和野心——有效实施的拦路虎，使得设计者忽略了这一点。

尽管"彗星"飞机后来经历了艰难的改进，英国航空业却从未从"彗星"客机灾难中完全恢复过来，也从未恢复其喷气式客机霸主的地位，其早期的辉煌只是短暂的。波音 707 成了喷气式飞机时代的行业先锋，一直到 10 多年后大型喷气式飞机出现之前，大多数横渡大洋的人都是乘坐波音 707 飞机。

波音公司的首席执行官比尔·艾伦（Bill Allen）在决定投身于喷气式客机业务时非常聪明，雄心勃勃，而且有条不紊。该公司决定寻求能够为其客机提供空中加油和货运服务的大型四引擎喷气油轮签订军事合同。随后，一个重要的优势出现了：西雅图的一个巨大的风洞，可以用于测试接近音速的空气动力。为了挖掘成功飞机的秘密，波音公司花了大量的时间进行各种各样的试验。

艾伦向泛美航空、联合航空和时任美国总统艾森豪威尔（他最早在1959年就乘坐了707航班）示好。通过有条不紊的领导方式（他总是在工程师的房间里走来走去，倾听每个人的观点），艾伦得出了这样的结论：1954年夏天，公司将能够向军队和商业航空公司展示一架原型机。在艾伦25年的领导生涯里，坚持对明确战略的严格执行，波音公司市值从1380万美元增至33亿美元。

历史学家可能还会争辩说，波音公司有"后发优势"，也就是说，第二个实验的好处是可以从第一个先发者的失败中吸取教训。他们也可以争辩说，这架"彗星"客机是有史以来建造的最壮观的飞机，但不得不承认它的失败也同样是壮观的——以100多人的生命为代价。[8]

显然，是实施而非战略导致了英国航空业的失败。战略制订是"是什么"，实施是一个系统的过程，严格地讨论"如何做"——质疑，坚持到底，确保问责。实施，连接了企业的使命、愿景和战略与执行，创建了一种以行动为导向的问责文化，搭建了战略与运营的联系，形成了强有力的沟通。当你有效地实施时，你会得到这些问题的答案：

·与竞争对手相比，我们如何定位产品？

·我们如何将我们的计划转化为具体的结果？

·我们如何持续监控绩效和结果？

·我们如何吸引合适的人来执行我们的计划？

·我们如何与客户和商业伙伴建立牢固的关系，使他们成为品牌大使，激发挑战，促进完善？

·我们如何确保我们的活动产生我们承诺的结果?

换句话说,实施的核心在于三个核心概念:战略、人员和运营。要成功地实施策略并解决上述问题,你需要从这三方面着手。

实施涵盖规则,它需要高层领导参与,它也应该是组织文化的核心。如果做得好,实施会促使你去深入探究之前对战略的粗略理论理解,并转化为你熟悉的内容。比如说,它是如何实现的,由谁来负责,花费多长时间,耗费多少资金,将如何影响整个组织。

我的经验显示,执行失败有以下10个原因:

(1)高层领导从来没有真正制订过战略(目标是什么),所以他们在战术上做出决定(事情应该如何做),混淆了活动和结果。

(2)CEO在20码线上就开始了胜利之舞,高兴于球队按照既定策略开始比赛,忽略了他们还没有真正赢得比赛的事实。

(3)没有一个人"拥有"目标。

(4)个人在没有制订具体计划和实现目标的进程表的情况下就离开战略制订会议。

(5)人们更关注于偶然行为(现在是什么),而不是预防行为(不要让它发生)。

(6)领导者不设置优先级。

(7)领导者不把奖励和结果与目标的实现联系起来。

(8)紧迫的日常问题造成对战略的严重威胁。

(9)领导者没有起到模范带头作用。

(10)领导者不能平衡风险和回报。

结论

自从彼得·德鲁克和他的同行们开始向商业领袖们提出挑战,要求他们思考并引领公司的发展方向以来,战略讨论就发生了变化。但战略的核心内涵仍然是一样的。制订战略仍然需要意愿和能力，在该做什么和不该做什么的问题上做出艰难的选择。你仍然需要定义你想要在哪里竞争，你打算如何获胜，以及你打算如何利用你的优势——永恒的、瞬时的、有竞争力的、绝对的优势，直到现在，这些优势一直帮助你在竞争中胜出。

在神话故事里，阿里阿德涅手握获得成功的通关钥匙。她，也只有她才能从同父异母的牛头人身怪手中拯救出注定要失败的人。德鲁克提供了他的智慧，尽管重要的事情没有改变，但自从阿里阿德涅救了她的爱人忒修斯之后，事情发生了很大的变化。现在我们知道，即使有神相助，仅仅依靠传统的方法是不足以解决问题的。

第三章
变革：文化就是团队的黏合剂

> 高绩效团队的领导者意识到，他们必须充当文化管理者，让优秀员工能够不断地挑战普通的标准，并与现有员工一起加强他们的工作。

我们常滥用"文化"这个术语，引用它来解释为什么事情不会、不将或不能改变。我们会对一个社会、国家、学校和商业的文化侃侃而谈，也会对文化冲突和新兴文化品头论足。一个融合了强有力的文化战略部署和蕴含创新能力的环境，能让最优秀的员工达到"自当追求卓越，但有尽其所能"的意境。领导者一心想要营造的就是这种微妙又强大的驱动氛围，但往往事与愿违、徒劳无功。不甘平凡的领导者意识到，需要更多地去关注他们所创建的文化，进一步地去理解它、引导它，并将其与他们的增长战略联系起来。

我们所说的"文化"是什么意思

传奇的改编版本丰富多彩、形式多样，而真理却没有这些版本。不论有意无意，我们的文化都是由我们自己在打造。企业文化是在企业的发展过程中不断完善起来的，是一系列运行良好并相当有效的基本假设。麻省理工学院斯隆管理学院的埃德加·沙因（Edgar Schein）教授提出了一种

十分著名的文化模式 [1]:

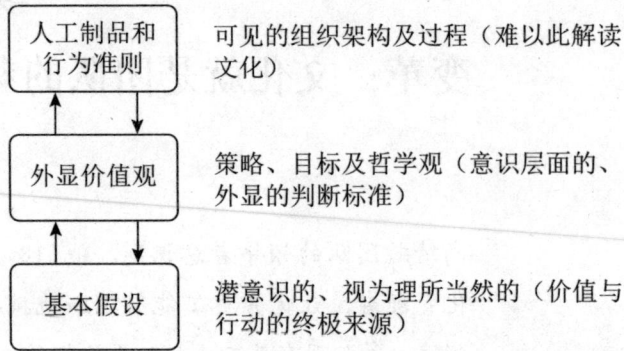

```
┌─────────────┐
│  人工制品和  │  可见的组织架构及过程（难以此解读
│  行为准则    │  文化）
└─────────────┘
      ↕
┌─────────────┐
│  外显价值观  │  策略、目标及哲学观（意识层面的、
│             │  外显的判断标准）
└─────────────┘
      ↕
┌─────────────┐
│  基本假设    │  潜意识的、视为理所当然的（价值与
│             │  行动的终极来源）
└─────────────┘
```

人工制品指该群体可见的成品，能够看得见、听得见、摸得着（如制服）。包括实物布局、所使用的语言、技术与产品、着装要求、办公环境、有关组织的神话、仪式礼仪等方面。

"人工制品和行为准则"是那些外显的文化产品，但却不易被理解。例如，埃及人和玛雅人都建有看得见的金字塔，但金字塔因文化不同而风格迥异，各具特色。埃及的金字塔是国王法老的陵墓，但在美洲的却是玛雅金字塔，不全为帝王的陵墓，它们的作用更多是一种祭坛。没有受过教育的人，在这两种文化中，得出错误的结论是可以理解的。尽管内部文化的这一层次对外部成员来说是最显而易见的，但这些"物质形态"却揭示了企业的一些重要特征，如果你不是这种文化中的一员，就很难理解它们的真正内涵。在一个组织文化中，一个外部人员去评估"物质形态"时也会带来很多问题，那是因为我们去评估时会受自身背景所影响，忽视眼前的事物，得出与内部人员相悖的结论。

例如，在一个非正式组织里，人们着牛仔裤、直呼其名、肆意走动。在外人看来，这似乎是无效且非专业的。然而，一个正式的组织，人人正装、静坐办公，这样似乎又缺乏创新。任何观察者都会看到相同的物质形态和行为准则，但并不总是能够准确地或容易地对其做出正确的判断。这

50

正是我们必须深入挖掘的，以体现出企业的价值观，进而反映出企业文化的基本假设。

价值观：传承的基石

"外显价值观"反映的是领导人认为"正确"的观念。随着时间的推移，团队会了解到，组织的发起人、创办人和领导者发布某些特定的价值观，有降低不确定性的作用，可以减少群体在这些重要领域运行时产生的不确定性。这些价值观持续地发生作用，它们就会逐步转化为一系列清晰的信念、规范和行为的运作规则。这些价值观最终会形成一种意识形态或组织的哲学，用来作为引领群体成员如何处理模棱两可、困难事件的指南。

当某种解决问题的方式可以持续解决问题时，则该解决之道就会被视为理所当然。仅靠直觉维持的假设，逐渐成为不容置疑的真理。基本假设变得如此理所当然，以至于不容人们对抗也无须辩论。因此，即使人们不再提起它们，它们也会影响着行为准则。

"基本假设"在一个文化单位中的变异性很小，人们不会自觉学习所有的这些细微差别。有时，企业会组织新聘员工进行"入职培训"，对其讲解公司内部的工作流程。然而，更常见的是，那些界定企业文化核心的东西并没有被披露。只有当媳妇熬成婆，新人熬出头，有了成绩、成就，他们才会被允许进入"密室"和分享这些秘密。

这就存在两个问题。首先，有些人从不往内部"密室"航行；其次，旅程太长了。优秀员工往往缺乏耐心，他们想立即知道，对他们的期望是什么？谁对他有期望？在什么样的条件下？他们会快马加鞭地开展重要工作，渴望做出卓越成绩。像导航到内部"密室"相关的这些干扰只会让他们感到厌烦和失去动力（让所有人分心，让每个人都失去动力）。

企业价值观是引领企业道德和商业决策的原则和标准。组织通常罗列出诸如领导力、诚信、质量、客户满意度、团队合作、多元化和参与性良好的企业公民意识，以及提高股东价值等方面的内容。尽管所有这些内容都值得称赞，但对于一家成功的公司会不会有价值呢？所有组织都会推广的理想清单并不能让企业真正地做到出类拔萃。而且，你还不能对其拥有的这些理想清单具有的重要性说三道四，做出任何评论。但这又如何？你如何将理论知识转化为实用价值？

杰出组织的领导者认识到，他们所信奉的价值观应该能够解决棘手的问题，即使付出巨大的代价，也要能为在茫茫大海中航行提供一个指南。领导者与其把这些标榜在门厅的牌匾上，不如把这些价值观内刻于心，并外化于行，期望其他人也这样做。这些价值观具有一定的意义，是制订企业决策的标准。要是违反这些价值观，就算是最有价值、最有潜力的员工也会被解雇。领导者努力解决棘手的问题，并制订出一份不仅仅有精美海报的标准清单。这些价值观将成为他们的战略基石，并为他们"如何改变，改变什么"提供指导。

改变方向：拥抱不确定性

如前所述，"文化"代表一个社会中潜在的、支配行为的信念、规范、价值观和习俗。我们在前进的过程中创造了它，有时是有意识的，有时却是无意识的。当公司接受改变的方向时，他们认为创新是文化的一部分，而不仅仅是在一段时间内他们所参与的一个过程或项目。让大家都意识到企业的改变会改善他们整体的状况，而不是任由某人一意孤行的结果。即当大家尝到文化创新的甜头时，他们就会积极地进一步创新和改变。

例如，在我的一生中，我见证了美国最大的两个文化变化——禁烟和乱扔废弃物。在20世纪50年代，当我们离开汉堡餐厅时，我们不会想到要把一整袋垃圾倒到停车场上去。类似地，直到最近，在一家不错的餐厅里享用一顿饭，顾客还得预订一个"无烟座位"或"优先考虑"。在这两个例子中，人们都得到了改变。因为他们看到了一种改善，前者改善的是生活环境，后者改善的是身体健康。

反之，美国文化还不能减少超速违规行为，这种行为还只能通过强制手段进行处理。现在，一些市政当局安装了摄像头，用来记录毫无戒备的司机超速的情况。在违规几天后，司机就会收到一张邮寄来的罚单，并附带一张违章汽车和司机的可爱照片。可以说，这种胁迫会影响司机在再次访问该地区时放慢速度，但在短期内，摄像头并不能减少超速行驶的情况。

外力也不能促进组织中有意义的变化。当停滞不前所带来的痛苦克服了对变化的恐惧时，人们自然就会改变。然而，人们在重大损害发生之前并不会察觉到疼痛。就像潜伏的心脏病一样，可能会忽视一些即将到来的破毁症状。高级领导的工作是建立一种变革的文化，一种支持公司长期战略的文化。

真正伟大的公司明白什么应该是永恒不变的，什么应该应时而变，什么是神圣的，而什么不是。因此，一次精心设计的改革成就需要保护其核心制度，能在一个组织中发挥作用的持久性和稳定性，即是一种超越了市场趋势、技术突破、产品线和服务的一致特性。核心制度提供了一种黏合剂，它可以使组织在时间上保持一致。

纵观历史长河，我们通过一些事例可以看到人们如何捕捉和展示他们的基本信念。《独立宣言》《统一军事司法法典》和《圣经》就是鲜活的例子，都展示了人们是如何书写的，又是如何坚持其核心信念的。即使当组织发展、多样化或变革，这些信念都提供了持久的、永恒的原则。是一种操作方法的改变，还是核心意识形态的改变，成功的领导者不会混淆，也不会在他们的直接报告中混淆。

然而，这种改变并不容易。文化的根源是"邪教"，这是一种思维方式的确实证明，这种思维方式通常能够引导决策者坚持一种不再有效的思维模式。但正如高级领导人可以鼓励类似邪教的思维一样，他们可以激发一种变革的文化。行动惯例、战略的改变并不构成对所有"神圣"的抛弃。但只有那些创造了真正变革文化的组织，才能帮助他们的人民理解其中的差异。历史再次提供了一些例子。

在我们印象中，尤里西斯·辛普森·格兰特（Ulysses S. Grant）并不是一个胆小的人。毕竟，在格兰特的领导下，联邦军击败了南方联盟军队，在阿波马托克斯，罗伯特·E.李（Robert E. Lee）的南军投降，有效地结束了内战。然而，当格兰特面对像内森·贝德福德·福雷斯特（Nathan Bedford Forrest）将军这样强大的对手时，这场胜利就显得来之不易了。格兰特的一个朋友说这位南方将军"是格兰特最害怕的盟军骑兵"。

是什么让格兰特焦虑的呢？作为一名骑兵和军事指挥官，福雷斯特将自己视为战争中最不同寻常的人物。战前，福雷斯特作为种植园主、房地产投资者和奴隶贩子积累了一笔财富，而他的受教育程度比他的许多同僚都要低。在这两支军队中，他是为数不多能以士兵身份入伍并被提升至将军和部门指挥官的军官之一。拥有战略战术天赋，福雷斯特为机动部队创立了新的教义，为他赢得了"马鞍巫师"[2]的绰号。

我们记得福雷斯特在《纽约论坛报》上的错误言论，福雷斯特说他的策略是"用最快的速度"。他实际上说他"最早地拿到了第一个"。这是对福雷斯特成功的一个不那么丰富但更准确的解释。福雷斯特当时没有意识到，谎言已经定义了一种变革文化的特征，他在经历了同样的痛苦之后克服了对变化的恐惧。

卓越组织遵循福雷斯特的例子，他们积极主动地改变并迅速做出行动，而不是消极被动地等待改变。这么做并不一定要完全符合组织的三年五年战略规划。当然，卓越组织的领导者在做出决策和权衡取舍的过程中，始终牢记公司的使命和愿景，但他们是以变化的速度来实现这一目标，而不是典型冰川式步伐。

如果一个公司墨守成规、满足现状、不思进取，就永远不会有发展，就不会在竞争对手的心中产生多大的恐惧。因为"我们一直这样做"并不意味着你将来就应该这样做。我总是问我的客户："如果你还没有这样做，你会决定现在去做吗？"下一盘大棋，并不需要你做更多的事情，需要的是一步三棋式的思考。突破性增长需要积极改变规则、心态和习惯。幸运的是，卓越员工既有能力也有意愿改变这三者。

当我们准备变革的时候，千万不可贸然行之，去做第一个吃螃蟹的人。正如我们的历史书也教导我们的那样，拓荒者往往最终会死去，第一批穿越海洋、进军美国西部或探索外太空的人往往遭遇不幸的后果。同样的事情也发生在商业领域。在《希望与愿景》（*Will and Vision*）这本书中，作者发现只有9%的先驱者能第一个想出创意而成为大获成功的最后赢家。安全剃刀的发明者不是吉列，而是施塔尔；拍立得相机的发明者不是宝丽来，而是杜布罗尼。根据作者的说法，64%的先驱丢盔卸甲，而剩下的少数精英能将创新进行到底[3]。

那么，企业领导者该怎么做呢？是力尽所能地冲到最前面，还是休养生息让其他公司进行创新？答案两者都不是，而是两者的结合。聪明的领导人应该把内森·贝德福德·福雷斯特将军和乔治·阿姆斯特朗·卡斯特的最后据点战役的照片一起放置。

创新和变革可以削弱你，就像厌恶变革一样。一种文化中存在的精髓是，它既包含了深思熟虑的变化，又包含了为现状和传统方法提供可取之处的变现，而且在这两者之间能取得平衡。与变革文化息息相关的成功依赖于做出决定的人。那些对创新创造采取有纪律的方法且自律的精英会赢得胜利，那些仅仅因为是一匹新马而不小心赌错了马的人注定赢不了。

心理学告诉我们，人们在不确定的条件下，倾向于向权威机构寻求答案，并且都在寻找权威：病人在接收到令人不安的化验结果的时候，就会向权威医师寻求指导；当我们想要进行大规模的金融投资时，我们会去咨询金融专家；当我们的孩子不听话时，我们寻求父母或朋友的建议。我们对专家意见的认知，往往没有证据能证明它的存在是不可辩驳的。

这些都是普通的反应，但成功的领导者并不会满足于平庸。他们观察并采取应对措施。他们考虑的是传统的智慧、可靠的顾问意见，以及该领域的思想领袖。但另一方面，他们开始超越了。

你可以通过用结果驱动的目标来取代大规模的、无定形的目标，从而建立一种变革文化。这些目标专注于快速、可衡量的收益。组织的底层员工都应拥有由自己负责到底的工作目标。并且你应该足够灵活，能快速应对市场变化或新的市场机会。敏捷性就是如此产生的。

海上的航母可不像快艇转弯那么容易。因此，一个能吸引优秀精英的组织，需要把自己建得像一个能停满敏捷快艇的港口，而不是一个仅仅能停靠庞然大物的港口。建造这个港口的公式很简单：重新发明，重新设计，成为你组织未来的架构师。当你看到，领导者不断地寻找新的机会、克服挑战，把决策和任务委托给他人时；人们对持续改进表现出明显的承诺，对获得成功表现出强烈的热情时，你就会知道你的公式是正确的。当你获得正确公式时，一种能让最优秀的员工尽其所能地工作的变革文化，将悄无声息地营造起来。以下问题将帮助你确定你是否有一个面向变革的文化：

· 马上执行所做出的决定，你准备好了吗？

· 单由领导所做出的决定，人们会不会买账？

· 怎样进行风险评估？

· 放弃舒适的现状，你愿不愿意？

· 为了适应市场的变化，你要变化多少？

· 你喜欢什么样的速度、员工和市场需求？

为了保持竞争力和特殊性，文化必须包含激励、宽容、奖励、实验、风险容忍程度高，以及专注于创造这种文化所需的行为，而不是快速的胜利。许多要求更多"创新"的组织，只是想要更快地解决问题，这只会使事情回到现状。

从定义上讲，解决问题涉及两个过程，首先需要找到某些方面需要改变的解决方案，接着是找到偏离预期发生的原因。它需要一个多阶段过程，才能将一个问题或情况从不受欢迎的状态转化成一个更有利的条件。

通常包含一个过程，那就是回答下列问题：

· 是什么改变了？何时改变的？又是为什么会改变？

· 有什么具体的证据能表明你存在问题？

· 你如何衡量问题的严重程度？

· 是什么导致了这种变化？

· 这种变化或偏差带来的影响，是否足以让我们花时间去解决？

一旦你有了这些问题的答案，你就可以开始评估其他的选择，并克服众多选择与一个令人满意的解决方案之间的障碍。有很多方法可以做到这一点，但是太多的组织参与到持续的解决问题的过程中，通常会把事情恢复到现状，很少真正地接受创新和改变。增长需要更多，它需要改变心态——致力于创新和改进。正如英国前首相哈罗德·威尔逊曾经说过："唯一拒绝进步的人类机构是墓地。"这个公式很简单：重新发明，重新设计，成为你组织未来的架构师。但是在你成长的过程中，如果不学习进取将无法改变任何东西。

学习环境：你的创意实验室

创新是一种不断学习的文化核心，僵化和恐惧是它的主要敌人。恐惧促使我们建造出可以作为自我防护堡垒的粮仓。当我们感到恐惧时，我们进入保护模式。而重新创造能阻止堡垒的建筑。优秀员工不需要这种保护，所以他们憎恨堡垒。他们能很快适应且迅速采取行动，并希望有一个组织也能这样做。如果你等待反应，那就太晚了。作为高级领导，你的工作是建立一种变革的文化，一种支持公司长期战略的文化。要做到这一点，你需要鼓励不断学习。

"不断学习的文化"一词面临另一个悖论。文化作为一种稳定器、一种传统的力量、一种使事物可以预测的方式，那么，从本质上说，怎样才能构建一个学习型、收养型和创新型的文化？领导者如何才能稳定持久地学习和改变？

　　学习型文化必须包含一个共同假设的核心，即组织改进的适当方式，包括主动解决问题和学习。如果文化反映了被动接受的宿命论假设，随着环境变化的速度增加，学习将变得越来越困难。因此，领导者必须把握学习的过程，而不是为了解决文化中的部分问题提出任何特定的解决方案。当你遇到的问题发生改变时，你的学习方法也会随之改变。在学习文化中，领导者不认为真理存在于任何一种来源（自身）或方法中。相反，领导者在有经验的实践者身上找到真理，他们信任这些实践者；实践者试验并容忍错误，直到找到一个更好的解决方案。

　　正如彼得·圣吉（Peter Senge）所指出的，随着世界变得更加纷繁复杂和相互依存，一些有利于员工心智模式改善的能力，将学习变得更加至关重要。这些能力包括系统思考能力、主动分析能力、对共同因果关系的理解能力，以及弃用简单线段式因果逻辑的取舍能力[4]。学习型文化的领导者认识到他们自己的智慧和经验存在局限性，需要很大程度上依赖于优秀员工的最佳思维。在这种情况下，领导风格、文化和技艺需要之间就会发生结盟。

　　学习型组织期望失败。领导者意识到，如果没有发生失败，公司就不会足够努力。我们会记住史蒂夫·乔布斯的巨大成就，但 Lisa 电脑（苹果出品的一款电脑，第一台使用鼠标的电脑）的市场表现又怎么样呢？挫折并没有击垮乔布斯，也不会妨碍未来的成功领导者。领导者从他们的错误中吸取教训，同时保持自身的高度积极性，这样他们就可以鼓励他人经受得起学习和改变所带来的不可避免的痛苦。当学习和变化进一步表征他们组织的文化时，他们控制自己的情绪来管理自身及其他人的焦虑。他们还做了以下工作：

　　·拒绝满足于这些方面的平庸：包括自我本身的、领导者的直接报表，公司的产品及服务，客户忠诚度或经济收益。

　　·创建内、外循环。制作隐含的、内在的、基本的、开放的、清晰的、明确的信息。同样，制造公开的、明确的知识也是根本和必要的。

　　·认识到什么对组织有价值，为信息和学习提供一个中心来源，并让某人来指定组织中谁需要这些知识。

　　·使知识易于消化。要明白，如果人们能快速且容易地使用它，他们就会把它内化。任何领导者都不会只是创建一个PPT演示文稿，或打印一个三环活页夹来了事。因为这样做只会让出现的每一个话题留在架子上积灰，会长时间无人问津、无人过问的。

　　·要认识到知识培训必须迎合用户的切身利益。他们应该解决速度和设施（易于使用）的问题，明确界定奖励（增加收入、客户满意度）和惩罚（意外事故、利润损失、个人解雇）。

　　·确定创新的来源并加以复制。

　　总之，领导者致力于通过解构成功的方式来学习和发现他们成功的地方，以便组织中的人能够复制他们的成功。他们明白自己取得巨大成功的原因是什么，而不仅仅是他们已经成功了。此外，他们还会发现自己及他人可以做些什么，用来确定将要发生什么，从而将组织提升到一个更高的水平——不仅仅是更大的公司体量，而是更多的利润。他们也急切地研究失败和因果关系——并非指责，仅供学习参考。

　　尽管航空业的业务问题已经超过了他们的份额，但它们给其他公司提供了一个很好的例子来促进学习。例如，客机坠毁后，没有任何行业秘密。航空公司乐于透露经验教训。行业内的每个人都有共同的目标，那就是让航空旅行更加安全，因此私人航空公司和联邦航空局需要定期的培训。航空公司不会忽视从自己的错误或其他错误中吸取经验的机会，他们不断地制订新的最佳实践，并投入必要的资源，以确保他们跟上相关变化的步伐。想象一下，这种实践和学习的贡献，将有益于一些致力于研究可能影响组织的市场变化、人口结构和认知观念的非航空行业。所有的行动和学习都是从一个明确的决定开始的，让它们成为一种文化的一部分。

优柔寡断：文化"杀手"

优秀的决策是组织领域的关键。当高层领导总是做出正确的决定时，其他事情没有多少紧要的了；当他们做出错误的决定时，其他事情都无关紧要了。任何学习组织发展的学生都会告诉你，一个关键的决定，或许是一系列关键性的决定，真的能让蓬勃发展的业务从那些陷入困境的企业中分离开来。每一个成功、错误机会的抓住，或威胁的缓解，都是从做一个决定开始的。

没有做决定，成功就不会发生，不过错误也不会发生。优柔寡断地做决策又是一个例外，这是一种不做决定的决定。当你能进入最具竞争力的联赛中踢出最激烈的比赛时，你会有意外和失误，但犹豫不决并不一定是其中之一。然而，太多组织的文化阻碍了成功。好的、坏的或体面的决定被困在组织的内部，就像漂浮的零碎杂物在一个无人照管的海滩上堆积一样。公司创造了自己的瓶颈，并永远无法做到以竞争的方式伤害自己。他们成为自己最强的竞争对手，即内部的敌人。

渴望建立以行动为导向、学习型文化的领导者，认识到他们组织中的瓶颈在哪里，如何发生的。在帮助那些处于指挥链中的人来承担决策责任时，他们明白自己需要扮演什么样的角色。以下是他们的想法和信念：

·所有的决定都不是平等的。日常的执行决定应该与负责执行的人保持一致。但高风险的决定，那些影响公司战略方向的决定权，必须留在高层。

·行胜于言。很少有决策需要100%的准确度和精确度。这就是为什么我建议客户在他们准备好80%的时候就开始做决策。获得其他20%的价值，通常不足以证明浪费的时间和机会是合理的。把一个明智的决定付诸行动，会给你带来更多的投资回报率，比一个聪明的想法未被执行或缓慢实施要强得多。

·共识被高估了。虽然理论上是值得称赞的，但坚持达成普遍的协议

60

消耗了太多的时间。通常，只有在需要团队其他人的意见来做出决定和最终得到他们的支持时，成功的领导者才能学会寻求共识。否则，共识的建立会造成行动障碍，并为最低标准的妥协提供一个套路。

·问责制挽救了这一天。最终，一个人必须承担这个决定。只需要把单个个体作为一个单一的问责点，有能力做出决定，并有能力让组织采取行动。这个人应该在解决不熟悉的问题方面，有一个可靠的工作业绩；在相关的权衡取舍方面，有一个意识；在行动方面，有所偏爱；在预料正负后果方面，有一个敏锐的能力。

拥有决策权和责任的人会问这些问题：

·还有谁需要为这个决定做出贡献？

·谁必须同意？

·应该通知谁？

·谁来实施呢？

有效的决策不是偶然发生的。在大多数情况下，高管们是经过有意识的、深思熟虑的努力来做出一个有效的决定。他们通过获取信息，来了解需要做出决定的问题；他们对许多选择进行检查和评估；并且他们已经解决了多如繁星的问题。然后，他们做了勇敢的事情。他们选择了最好的，而不是最安全的，或最受欢迎的行动方针，这些决定在组织的高层定下了明确的基调。

沟通：在高层确定基调

沟通和信息共享是一种强大组织的文化基础。因此，渴望加强自己文化的领导者，需要建立一个多渠道的沟通系统，让每个人都能与他人建立联系。这并不意味着你必须立即购买最新的技术，以便立即访问每个人。这也并不意味着，出于合作的利益，每个人都应该在每封电子邮件上被抄送，这是一种阴险的恶魔发明，使世界各地的工作慢下来。它意味着，每一个需要知道的人都保持在这个圈子里，任何人都必须能够与其他人沟通，每个人都认为说出真相是可取的和预期的。当然，只有在所有参与者之间存在着高度信任的情况下，这种通信网络才能存在，而领导者通过信任员工来获得提高的技能和动力。

有效的沟通是一个以变革为导向的学习型组织的核心，对不同观念的认识创造了这种交流的核心。因为感知的多样性，人们对信息的反应不同。不考虑感知差异的假设常常导致错误的结论，并触发不适当的行为反应。这样的假设可能直接导致冲突和无端的敌意。

例如，如果合规人员认为销售副总裁正在向她施压，要求她迅速做出决定，因为"他只关心销售，而不是质量"，她可能会做出不利的回应。同样，如果销售副总裁认为合规是"业务预防单位"，他可能会变得具有防御性。

我们的感知创造了我们看待世界的视角；大多数冲突发生在这些世界观不同的时候。我想起了一个古老的笑话，两个年长的南方绅士，厄尔利和弗洛伊德，一天晚上坐在阳台上喝着薄荷酒时，注意到一只小青蛙对厄尔利说："先生，我是一个美丽的少女，我被一个邪恶的女巫诅咒了，被困在这个可怕的两栖动物之中了。但是，只要你吻我一下，我就可以解除魔咒，变回公主了。我一定会好好报答你。"厄尔利想了一会儿，把小青蛙舀起来，放在口袋里。弗洛伊德难以置信地喊道："厄尔利！你在做什么？她是个美丽的少女！"厄尔利耸耸肩，回答说："弗洛伊德，在我这个年纪，我情愿要一只会说话的青蛙而不是一个美丽的公主。"

当开始意识到世界上的厄尔利宁愿要一只会说话的青蛙时，我们可以选择用自己的语言来表达自己的看法。文字赋予人类通过符号来表达世界的能力，这一技能使我们能够理解所生活的世界，并提供了一种工具，将感知从一个人传递到另一个人。我们对词语的选择有助于塑造我们的现实，而我们对现实的感知影响着对词语的选择。然而，那些赋予我们彼此创造意义的词语，也会在我们之间制造障碍，因为我们每个人根据自身的需要来赋予词语的含义。这个词本身并不具有一个普遍的意义，即使有数百万页词典的存在，也只是为了帮助我们对单词产生共同的反应。相反，文字提供给我们的是，将自己的想法传播给他人的代码。当人们发现自己在激烈的、无关紧要的争论中，语言很快就会变成讨厌的小流氓，可以用不止一种方式来使用。例如，考虑一下报纸上的头条："安全专家说，校车乘客应该系上安全带。"也许安全专家们提倡使用安全带，但仅仅根据这些话，我们能确定吗？有意或无意地，言语会给理解造成障碍。

例如，心理学家理查德·怀斯曼博士（Dr. Richard Wiseman）在英国赫特福德大学的笑声实验室进行研究，搜集超过 4 万个笑话，创下近 200 万的收视率。下面是获奖的一则笑话：

有两个猎人在树林里，其中一个摔倒了。他目光呆滞，似乎没有呼吸了。另一个人拿出他的手机打电话给急救中心："我的朋友死了！我能做什么？"他气喘呼呼地说道。

接线员说："冷静点，我可以帮忙。首先，让我们确定他已经死了。"一阵沉默后，听到一声枪响。回到电话里，那个家伙说："好吧，现在怎么办？"[5]

词语的不同编码和解码为幽默语言提供了重要的线索，但当我们试图真诚地发送信息时，这些错误并不能很好地为我们服务。

词语赋予我们分享想法和表达情感的方式，但也可能成为障碍。当然，猎人和紧急服务员在有效沟通方面发生了障碍。造成这些障碍的原因是什么？我们的行为就像某种化学化合物一样存在于文字中，仅仅因为一个想法在我们头脑中是完全有意义的，并不意味着其他人都会以完全相同的方式来理解这个想法。

相反，单词是表示概念的字母的任意组合。因为概念不同，并且因为人们以不同的、往往不可预测的方式给概念分配符号，所以误解发生了。因此，虽然我们不能保证沟通会以我们想要的方式发生，但我们可以学习如何以控制对话的方式，避免猎人朋友的命运。

首先，面向接收者，使用接收方能理解的特定语言。虽然看似不言而喻，但并不是每个人都能遵循这一指示。例如，昨天我了解到客户决定使用的另一个无用的、模糊的术语。在一家大型连锁医院的人力资源已经确定，"处于危险之中"的雇员将收到关于他们绩效问题的反馈，然后"对这个问题进行初步的提醒"。如果问题持续存在，雇员将收到"高级提醒"。在我看来，一个"提醒"是你电脑屏幕上的弹出物、手机上的微软必应，或者手腕上的一根绳子，而不是一种含蓄的解雇威胁。

显然，人力资源试图以接收者为导向，想让领导者远离诸如"斥责"或"警告"这样的脏话。这种错误的思想并不代表接收者的取向，接收方没有从政治正确但模糊的术语中获益。

一方面，我们需要敏感；另一方面，我们不能把我们的语言清查、净化到我们无法理解彼此，或不代表现实的程度。幸运的是，使用特定的语言可以帮助我们达到这个重要的平衡。

使用具体语言精确的词而不是抽象的语言或行话，可以避免混淆，让其他人确切地理解他们所谈论的。例如，最近我最小的女儿在一家电子游戏公司找到了一份工作，尽管她在大学主修的是刑事司法，且对这一职位没有真正的技术培训。当她收到一份她不理解的任务时，她的大脑经常说："你不能这样做。"但是她的自尊心说："哦，是的，你可以。"

终于有一天，她的内部沟通模式产生了事与愿违的结果。她的老板要求她对一款游戏进行故障排除，特别是 HUD，看看她是否能找到问题。她认为 HUD 是一辆小型德国车，强大的自尊心驱使她去找到问题。她花了一上午的时间在游戏中去寻找那辆小车，看看她是否能在游戏中发现问题。只有在向同事表达了自己的沮丧之后，她才意识到 HUD 是平视显示器（Head Up Display）的简称，是运用在航空器上的飞行辅助仪器。

许多行业和组织都有自己的首字母缩略词和行话，并且在大多数情况下，这些都不会导致通信故障，因为人们对它们进行编码和解码。然而，当你与一个新人或组织之外的人沟通时，这些类型的词可能会很麻烦。

一般来说，抽象词不清楚，因为它们的范围很广。他们倾向于把事情整合在一起，忽略了独特性甚至微妙的差异。模糊的、非特定的、抽象的词语描述的事物，是无法通过五种感官之一来感知的。诸如沟通态度、忠诚、承诺、彻底、高水平、改进和可靠等词语，都给解释留下了很大的空间。

相反，具体的词语描述了我们可以用行为术语来谈论的东西，或使用我们的五种感官之一来感知。他们通过缩小可能性的数量来澄清发送者的意思，并倾向于减少误解的可能性。

一个以行动为导向、学习文化和精确语言的关键元素，能帮助你把想法付诸行动。另一方面，如果你从事不准确或模糊的信息发送时，行动和学习就会停滞。在他们渴望取悦的过程中，人们会做一些事情，但不一定是你心中所想的。

我在一次培训中体验到了这一现实，讽刺的是，它专注于更好的信息发送。我要求参与者翻到某一页，然后给他们指示需要做什么。不幸的是，在完成作业之前，我忘了戴上我的阅读眼镜，所以我读错了页码。尽职尽责的参与者看到了我所指派的页面，并试图做我要求他们做的事。没有人提到我的指示毫无意义，也没有人注意到这一事实：我把他们引导到了一项不可能完成的任务中。

他们在分配的时间里一起工作，然后作为一个大的小组一起进行汇报。一两分钟后，我意识到事情并不合乎情理。很快，我得出结论，他们已经翻错了页面，或从指令中找错了页面，但这一页是错误的。请记住，我对他们绝对没有权力，在培训课的低威胁环境中，他们没有理由害怕提出让我澄清的请求。然而，他们没有。他们做了他们认为我想让他们做的事，浪费了宝贵的时间。

想要建立一种文化的领导者，想让他们创造出一个特殊的优势，就必须承担责任，确保其他人以你想要解码的方式来解码信息。你可以通过两种方式来做到这一点。在一般情况下鼓励问题，并在特定情况下提出具体问题。例如，你可能会问："你完成这件事会遇到任何困难吗？"如果我在培训课上这样做的话，有人可能会说："是的，这没有任何意义。"这将是一个很有价值的信息。

具体的词应强调可观察的、外在的、客观的现实。他们把接收者的注意力集中在所描述的事情或行动上，而不是任何人的个人反应上。相反，评判性的词汇会表现出评价和强调个人反应。他们引导接收者对情感的关注，而不是对事件的冷静描述，往往会引发一种防御反应。例如，陈述"你错过了过去的三个报告截止期限"，清楚地描述了发送者想要传达的内容。"你错过了最后时限，你根本没有为团队里的其他人考虑"，把重点放在了发送者的情绪上，而不是消息本身。

具体的语言也有助于你坚持事实，避免推理，这是另一个问题的来源。从定义上讲，事实陈述只包括我们观察到的，不能对未来做出的事情。另一方面，推论超越我们所看到的，可以关注过去、现在或未来。事实具有很高概率的准确度，推论只代表一定程度的概率。最重要的是，事实把人们聚集在一起；推论就像判断会创造距离和引起分歧。

非语言沟通在强化或弱化组织文化方面也起着重要作用。非言语交际甚至比言语语言中最严格的语言更不精确，它是模糊的、无意的、连续的，并且更容易被误解。然而，研究表明，我们比口头交流更相信它。当我们所说的词语与我们所展示的非语言信息之间存在差异时，接收者往往会相信非语言表达的真实性，而不是对他们的口头解释。

例如，丹在一家技术含量很高的财富500强公司上班，是一个非常有天赋和专注的工程师，但他与部门中其他人的交流存在着困难。我在电话里和丹通话，对他的语言能力和反应能力印象深刻，所以我无法想象他为什么会有交流问题。然后我亲自和丹见了面，并解决了所有问题。丹皱着眉头，脸上带着不满的神色。甚至当他谈起他喜欢的事情时，眉头仍然皱在一起。

我没有把我的观察告诉丹，而是决定给他看。我让他准备一段两分钟的角色扮演对话，他可能会有直接的报告。我们录下了互动，和我一起播放他的直接报告。回放时，我关掉了声音，叫丹用眼睛看。他看着自己怒目而视，整整两分钟。当我关掉录音带时，我让他忘记他知道讨论的本质，并猜测演讲者一直在做什么。他说："看起来他试图把量子物理学解释给牡蛎。"（一个小工程幽默）丹不知道他的非言语行为干扰了他的有效性。换句话说，他的意图与怒目而视的面部表情使人疏远的事实几乎没有关系。一旦他明白了，他就纠正了这个问题，重新训练自己，使得自己看起来很有兴趣，而不是吓人。

在工作场所，我们使用沟通来提高绩效，产生更好的结果，并培养以行动为导向的学习型文化的所有关系。但这并不容易，有缺陷的技术可以迅速将会议变成毫无结果的争论，并为未来的分歧埋下隐患。

结论

我经常遇到某些管理团队，他们似乎拥有全部的部门，但是它们缺少黏合剂来将它们结合在一起。文化就是黏合剂。希望创造卓越组织的领导者能够意识到，他们必须充当文化管理者，帮助创造环境的人，让优秀员工能够不断地、有意识地挑战普通的标准、协议和性能。

这些领导人在高层确定了基调，并引领着永无止境的旅程，去发现新的、更好的解决问题的方法，来适应周围的世界。当某件事在一段时间内运作良好且领导者认为有效时，这些先锋队带头向新人传授行为、价值观和想法，并与现有员工一起加强他们的工作。通过这个过程，人们发现周围的人感知、思考和感觉到融入组织的问题。

第四章
挑战：如何打造高绩效团队

打造高绩效团队，不是光下命令就行了，而是要进行一系列决策提升公司的竞争优势和驱动力。召集你手下最优秀的精英，让他们从不同角度分析你的产品和服务。

尽管许多评论家可能会主张现代西方文明已经跟卓越脱节，而事实却与他们的主张相反。组织生存游戏中的胜者为我们重新制订了标准，并让我们知道该期待些什么。

20世纪20年代初，一场名为超现实主义的革命性文化运动开始于解决先前矛盾的梦境与现实的目标。超现实主义作品以惊喜、意外的并列和非假设为特征。一位著名的超现实主义者，雷尼·马格利特（René Magritte），画了一系列题为《你看到的不是烟斗》（这不是一支烟斗）的画。在画布之内，这是一支烟斗，而在画布之外，以物质性来衡量，这并不是一支实实在在的烟斗，只是画的一部分。马格利特以艺术的方式召唤出一个常为我们所忽略的实在世界，将表达的意向性与物质的实在性分离开来。

同样，战略、文化和精英不是公司本身。他们确实描绘了该组织的一些重要元素的可信图片，但这并不是一个组织，图片也不是事情事物本身。要解决理想与现实的矛盾，领导者需要更多。他们需要采取措施来应对惊喜、意外的遭遇以及全球经济所提供的不合理的事件，为他们的产业设定一个标准，是开始的好方法。这个标准包括对质量的关注、对一致性的承诺、对顾客的专注，以及敏捷地做这件事的能力。

质量：超越竞争优势

因为经济危机的重新洗牌，大多数公司继续勉力挣扎，试图在其产品、服务和精英方面发现机会去实现卓越。它们急于支付重金换来自己想要的效果，而不是去想办法发挥所投入资金的最理想效果。美国海军战斗机武器学院（TOPGUN）的决策者却不会有这种问题。我在采访了在退役前担任过美国海军战斗机武器学院指挥官的美国海军上校托马斯·唐宁（Thomas Downing）之后，了解了其中的原因。

美国海军战斗机武器学院"聘用"的学员会在脑海中牢记一个特定的使命和清晰的标准。这个使命就是制订、改善和传授近距离空战战术与技巧，以选拔出舰队飞行员，让他们在之后返回原舰队单位，把他们所学的内容传授给飞行中队的同袍——在实质上充当教练。这个清单上的标准一直保持不变，而且内容很简单：被选中的少数人是在合乎资质的飞行员里优中选优。这些人由于具有异乎寻常的才干而脱颖而出，他们身上洋溢着对飞行和对培育他人的热情，并不断证明他们会致力于提高自己和其他人的水平。美国海军战斗机武器学院邀请回来的飞行员，代表海军和海军陆战队所能提供的绝对最好和最专业的飞行员。飞行员、教练、任务、战术和技术完美结合在一起，打造了最佳文化，毫无瑕疵可讲。

当一名经验丰富的飞行员回来执掌美国海军战斗机武器学院时，唐宁已经累积了数十年的领导经验和数千小时的飞行时间。当他在2004年接管美国海军战斗机武器学院时，他已经飞了20年。由于在美国海军战斗机武器学院有过学员和教练的双重经验，他深知自己会迎来怎样的欢乐与挑战。

领导顶尖精英，比如对于美国海军战斗机武器学院的中队教练，并不都是好消息，但大部分都是好消息。根据唐宁的说法，领导那些给顶尖飞行员当教练的家伙让他有极大的职业满足感。当一群非同凡响的人在一起共事时，必然会获得非同凡响的结果。在他自己的美国海军战斗机武器学院的教练之旅中，经历了教练们的高昂士气，没过多久，他就意识到，教练们在自己的指挥系统中培养出了非凡的凝聚力和团队精神。他们在一起工作了很长时间，后来也一起计划了周末，让他们的妻子和孩子参加周末的滑雪和聚会。他们是一个自豪的团体，对自己的出色表现有着强烈的保护欲，况且他们的表现也并不差。幸运的是，他们很少这样做。

也有例外。自 1969 年成立以来，只有不到 500 名飞行员获得佩戴美国海军战斗机武器学院教练名字标签的权利。绝大多数人回到了作战单位，去展现他们自己和他们受过的美国海军战斗机武器学院训练。这是一个难得的机会，既可以学习尖端技能和卓越，也能传授技术。

当一流精英遇到问题时，正如唐宁所了解的那样，他们可能会给自己、家人、组织造成长期的损害，但他通常能及早发现一些小问题。有时这涉及他认识的有倦怠风险的教练。这项工作需要长期集中精力，但因为两者都带来了这样的满足感，有时教练会危及他们的工作和生活的平衡。完美主义也影响了一些人。在他们努力使每件事变得完美的时候，这些教练可以使他们自己和周围的每个人都痛苦不堪。

但在教练中，所有才华横溢的人，都是傲慢自大的"根本罪孽"，并在意见相左的情形下追求卓越，可能会带来毁灭性的结果。在一个不仅鼓励个人优秀，且需要个人优秀的环境中，作为指挥官，他的任务是让教练们"谦逊"。当你考虑到他们是世界上最好的战斗机飞行员，就会发现这是一项艰巨的任务。换句话说，唐宁必须在努力灌输自信的同时，解决傲慢问题。唐宁称之为"内部傲慢"，这涉及一名教练变得如此自信，以至于他认为这些规则只适用于那些次要的飞行员，或者他专注于高端战术，以至于忘记了基础知识。两者都可能导致灾难。

"外部傲慢"更具破坏性，也更致命。当教练们发展出"我没有其他东西可学"的心态时，他们失去了自己的优势和有效地教导他人的能力。他们也对美国海军战斗机武器学院的声誉造成了严重的损害，有时还导致其他人付出最终的代价。

当一个这样的学生上了美国海军战斗机武器学院时，教练们立刻就认识到了他的飞行能力，但他们对是否应该邀请他回来当教练持异议。那些对他有利的人最终赢得了他们的决定，因为他在 2002 年引起了一场暴虐事件，给这个计划带来了尴尬。在任何组织中，任性、傲慢会导致非凡的天赋变得异常危险。在飞行组织中，这种危险是致命的。[1]

美国海军战斗机武器学院的最佳实践给那些希望创造非凡组织的人传授了几个重要的经验。首先，在关键位置任命杰出的精英，这一条不允许有例外。顶尖精英都希望与其他表现突出的人共事。当你在建立这种组织时，可以预期到你的顶尖精英会培养出忠诚度和集体荣誉感，因为他们为自己能与经历相同的人共事而感到自豪。不过，要打造真正的精英组织，这些精英成员必须相信他们共同服务于一个更崇高的目的。唐宁经常提醒他的团队，那些走在他们前面的人，树立了卓越的标准，他们是"站在巨人的肩膀上"的一代人。这一代人不仅拥有维护的特权和义务，而且还要能延续下去。

其次，一旦你建立了追求卓越和高期望值的文化，这种文化就能够自动持续下去。每一代的新管理者明白顶尖精英是什么样的，所以招聘、培养和留任的效果都会得到改善。只要把精英决策与清晰的战略结合，就能打造让组织成功的秘诀。

再次，天生的才能是无可替代的，但光有才能作用不大。你必须评估此人在培养他人方面的道德操守与奉献精神。当才能、性格和行为形成合力时，决策者就能确保在这样的人身上投资能培养出顶尖的精英。

关于精英的重要性，苹果公司就是一个很好的例子。史蒂夫·乔布斯或许是最具才华的技术天才，我们都能从他的杰出才智中受益，优秀的精英也被纷纷吸引到他的身边。他留住了业内最优秀、最聪慧的人，他的产品宣传变成了布道会。人们信任他，信任苹果，也信任乔布斯领导的团队。乔布斯去世后，苹果继续保持强势，这些精英也依旧留在苹果公司。原因何在？因为卓越和高期望文化有自我延续的属性。最优秀的海军飞行员希望前往美国海军战斗机武器学院，而最优秀的技术天才会希望加入苹果。这是由于这些组织已经形成了正确的文化。

杰出组织必须是卓越的，卓越的定义涵盖了一切：精英、文化和战略。如果没有对卓越的清晰承诺和重点关注，其他一切都没用。

当然，你不会愿意在所有职位上都花钱雇用此行业的顶尖人物。如果你要雇用所有的关键精英，你可能会破产。不是每个在海军航空站工作的人都具有飞行员的卓越水平，但是从门口的警卫到 TOPGUN 的指挥官，你会发现他们每个人都有一种想把事情做好的强烈愿望。如果你承担得少，你就会在通向卓越的道路上一步一步妥协。

与卓越相关的目标、战略、意愿或计划都不重要，了解你能在什么领域成就卓越才是关键（参见第二章中的"战略原则"），这种认知会迫使你在面对资源分配（包括人力和财务）的决策时做出妥协。一定要坚持在你了解且你力所能及的领域做到世界一流水准，这是 1991 年高级领导人在面对与大自然的一场前所未有的搏斗时所做的事情。

1991 年 6 月 15 日，菲律宾的皮纳图博火山发生了火山喷发，被火山学家评为 20 世纪地球上第二大火山喷发，也是迄今为止人口稠密区最大的一次火山爆发。火山爆发产生了高速崩塌的高温火山灰、气体、巨大泥石流，以及数百英里的火山灰云。

这场喷发让大家大吃一惊，但在克拉克空军基地的 1.5 万人撤离中，没有一名军人丧生，这主要是由于前空军历史学家 C.R. 安德雷格（C.R. Anderegg）在其出版的《灰烬勇士》（*The Ash Warriors*）中谆谆告诫的卓越美德。在国内外敌人面前表现卓越，但我们难以想到这些军人会与大自然的力量对抗。然而，当任何组织都在挑战自身以实现卓越时，它可以应对灾难，而不管它们的来源是什么。

当空军设施面临紧急情况时，通常危机行动小组指挥官的职责落到了战斗机大队的副指挥官身上，在这种情况下，则是安德雷格上校。虽然他在火山学方面没有受过训练，在危机管理方面也是经验有限，但安德雷格成功地带领灰烬战士们应对大自然带来的不断挑战，做到与时间赛跑，奋勇抗争。安德雷格、灰烬战士和第十三空军的高级领导人可能没有什么经验来对抗火山，但他们有另一个明显的特点，他们反复练习：卓越的表现。

我和安德雷格谈过他在危机管理中扮演的角色和灰烬战士的角色。他说，三个关键问题帮助他们回答了一个令人畏惧的问题："我们如何在 6 小时内疏散 1.5 万人？"[2]

第一个答案是对领导力的信心。灰烬战士在他们的职业生涯中学习到，当你对你的领导有信心时，最艰巨的任务就可以完成。安德雷格依靠的是第十三空军司令少将，而安德雷格指挥系统则依赖于下达命令的指挥官和军士们。人们不会浪费时间问："我为什么要信任你？"他们对你有信心。

当你追求卓越时，这个词就会消失。组织里的人已经看到了你的履历，并且知道他们可以期待你的出色表现，因为你一直都是这样做的。然而，如果你在危机前还没有建立这种声誉，你就会去赌你的人民会有什么反应。优秀的人拥有自信，所以他们希望对领导他们的人有信心。

第二个因素影响了他们完成艰巨任务的能力，即在有关疏散这么多人的训练中，用不可宽恕的时钟去驱赶他们的机会。这种训练是对标准化进程的一种持续、一致的承诺。正如安德雷格所指出的，空军人员并没有完全形成并准备好面对逆境。空军创造了他们，虽然他们从未面临过火山爆发的危险，但灰烬战士们曾遭遇过飓风和台风。他们知道自己的工作和与危机管理相关的特殊技能，那些经常练习的技能帮助他们应对撤离克拉克的挑战。

在商业组织中，意外时有发生，而且常以危机的形式出现。如果你的员工了解他们的工作，并获得了必要的培训来妥善地完成这些工作，那么当意外来临时，他们就有能力将这些经验用来处理新的情况。即使面临的风险加大，学习曲线的变化也不会那么剧烈。如果你的企业性质使你有更高的可能性面对特定种类的危机，那么不针对最糟糕的情况对人员进行妥善培训就是你的失职了。

安德雷格的第三部分回答了纪律问题。通过对领导和训练的信心，军事人员发展了纪律，问自己"我的职责是什么"而不是"我为什么要这么做"，通过他们的军事经验，灰烬战士学会了别人对他们的期望。他们对不同情景进行了练习，而且实际上还面临着其他灾难。他们的纪律保证了他们将履行自己的承诺和义务，即使当火山活动进行的时候，他们也会随着时间的推移而改进。

官僚主义是与纪律背道而驰的，同时也会有损于组织的卓越和你希望实现的行为取向，在陷入危机时尤其如此。官僚文化之所以兴起，是为了弥补同仁无能与缺乏纪律的情况，这两件事会使灰烬战士在撤离基地的过程中受阻，并可能由此丧失性命。当然，空军倡导一个明确的指挥链，对于谁应该做出决定，并没有任何困惑。这一切都在危机发生之前就已经解决了，所以无论在发生什么的情况下，决策、问责制和期望都是明确的。

许多公司设置了官僚式的规则，来为影响决策的人提供合理依据，以及管理一小部分不能或不愿完成自己名下工作的人。而一旦组织在文化上推崇纪律并尽力吸引和留住最优秀、最聪明的业内精英，就能看到神奇的化学效应，组织会看到员工主动采取行动，获得成果。

但纪律本身并不会换来卓越。历史上无数组织都表现出了极强大的纪律性，因为他们能因循守旧直至灭亡。你需要一个追求质量与敏捷性的纪律体系。这意味着让每个组织成员理解战略的实施是他个人成功的关键，人与人之间有时是相互依赖的关系，有时又需要自力更生。

当组织面临招聘和晋升决策时，它们往往过于偏重经验而不是卓越程度。这样的决策流程最终会降低员工对其领导者的信心。如果恰好你的组织培训不足，那情况就雪上加霜了，你就别指望能达成卓越的目标了。

有时，你所面临的危机将是前所未有的挑战，正如皮纳图博火山爆发一样。空军并没有从群山环绕的军事基地里进行撤离的经验，因为它以前从未发生过。但是他们有第十三空军的领导人安德雷格，和高品质优秀的灰烬战士。

一致性："昙花一现"的对立面

我们常用"昙花一现"来形容那些曾经取得过成功的音乐表演者。有时，这些"昙花一现"产生了一些新奇的歌曲，如 1968 年第 11 届格莱美最佳乡村女艺人珍妮·莱利（Jeannie C. Riley）唱的 *Harper Valley PTA*。尽管这首歌在 60 年代的排行榜上表现得很好，但今天几乎没有人会承认，这首歌代表了真正的高品质音乐。因为莱利从来没有发行过另一首畅销作品，我们也可以认同她没有提供一致性。

人的素质、训练、服务有助于解释美国海军战斗机武器学院和灰烬战士战胜大自然的成功，但是我们也应该考虑这两个例子的一致性。美国海军战斗机武器学院的优秀飞行员并不是偶然的，他们每个班年复一年地做着同样的训练。同样，空军成员不断地训练，以满足预期和意想不到的敌人和环境。在这两个例子中，团队以质量开始，然后学会复制成功。

在随后的几年里，莱利在乡村音乐中获得了一些适度的声名不显的成就，但她再也没有复制过 *Harper Valley PTA* 的成功。*Harper Valley PTA* 是发行一周就同时登上乡村音乐和流行音乐排行榜榜首的单曲，这一成功在一周内就错过了乡村音乐的"通告栏"（Billboard）和流行音乐的热门单曲。她在 20 世纪 70 年代末开始录制福音（Gospel）音乐，但她从未创作过另一首歌曲。一个昙花一现般的制作人通常不知道如何去创造其他的东西，因为他们从来都不明白为什么第一次会成功。

表现的一致性包括从一个高质量的产品开始，然后不仅要去了解你已经成功了，还要分析为什么会成功。在莱利的例子中，成功的原因可能是时间、歌曲的新颖性，或者是流行音乐迷对乡村音乐的好奇心。从短暂的成功和无法通过时间的考验来看，莱利并没有从一首高质量的歌曲开始，所以即使她解构了她的成就，找到一种一致的方式来复制它也或许是不可能的。

将莱利与猫王或披头士乐队进行对比。他们也为自己的时代引入了一种新的"声音"，他们在流行音乐排行榜上都享有着一致的持续的地位与影响位置，就拿猫王来说，他在乡村音乐和福音音乐广告牌排行榜上也有着一定地位。并不是每个人都喜欢猫王或披头士，但数百万人在他们的作品中找到了质量，因此，音乐人在几大洲的几代音乐迷中反复复制了他们的成功。经过了时间的考验，即使在今天，披头士的评论和猫王的模仿者仍然活跃在拉斯维加斯优雅的舞台上。

质量可能是仁者见仁，但复制成功的一致性显然只取决于消费者的偏好。例如，在1959年，美泰（Mattel）公司推出了芭比娃娃（Barbie），这是一款非常受欢迎的玩具，已经有超过50年的稳定销售。芭比娃娃经历了迅速而广泛的成功，也许是因为它是第一个采用电视广告作为营销策略的企业。因此，芭比不仅仅是一个标志性的婴儿玩具，公司为它推出了一种新的方法来吸引未来的买家，还为随后的其他玩具的营销搭建起了舞台。

每三秒钟就会在世界某个地方售出一个芭比娃娃。芭比和"她的朋友们"已经超过10亿的销售量，引领着时尚潮流。芭比被制作出超过130个职业，包括战斗机飞行员（或许构思于美国海军战斗机武器学院 TOPGUN 的高品质和一致性）。[3]

在20世纪80年代早期，椰菜娃娃（Cabbage Patch）的卓越生产进一步证明了美泰公司拥有提供卓越一致性的能力。美泰没有创造这些娃娃，而是从康涅狄格州皮革公司购买了他们的版权。早在1982年，康涅狄格州皮革公司就开始批量生产了椰菜娃娃，公司破产之后，美泰公司接管了，并继续保持了其一款能延续这家玩具制造商优良传统的优秀产品。美国女孩娃娃（American Gril）和它们的相关服装、配件在1986年由快乐（Coleco）公司发行。1998年，快乐公司成为美泰的子公司，为玩具制造商的卓越阶梯增添了一个新的台阶。[4]纵观历史，美泰在玩具质量方面表现出色，并一贯致力于利用最新的趋势。但如果决策者忽视了顾客和他们想要的东西，这一切都不会发生。

客户关注：打动最终的裁判者

在近代奥运史上，有些美国人开始谈论"取悦俄罗斯裁判"。我们的运动员在参加的比赛中，有相当程度的主观得分，如拳击、花样滑冰、体操等，通常来自世界各地的评委们会给一个美国运动员颁发最高分数，但俄罗斯裁判给的分数要低很多。这些臭名昭著的不公平的评分既伤害了美国运动员，又使俄罗斯竞争者获得更好的奖牌机会。当一名运动员成功地给俄罗斯的一位评委留下深刻印象时，人们评论说"他甚至给俄罗斯评委留下了深刻的印象"，这是基于对终判最惊人的壮举的一种高度评价。

在你的公司里，你也一样面对一位最终裁判，就是你最好的客户。不是随机的任意客户，也不是以数量而论的大多数客户，而是你的最佳客户。每个组织对于"最佳"的定义都不一样，要考虑到购买的数量、重复销售的潜力、当前和未来的购买力以及许许多多其他变量。组织应该在内部就"最佳"定义的标准达成共识，但不一定需要与业内其他组织的标准保持一致。

这些理想的客户将在你的未来扮演俄罗斯评委的角色。取悦这些理想的客户十分困难，有时候甚至不可能办到。他们貌似会提出无理的要求，从本质上来说他们可以把业务交给你的竞争对手，他们的标准也经常会随着时间流逝而变化。但是，他们也会做另一件至关重要的事情：让你了解最受好评的产品或服务该有的面貌。如果你能让他们做到这一点，他们就会成为你最严厉的裁判者，但同时也是最受你信赖的信息来源。下列战略能帮助你完成这一工作：

1. 让他们得到他们想要的，而不是你希望他们获取的，也不是你假设他们需要的

有些非常优秀的公司之所以没能提升到卓越的境界，是因为它们没有实际去了解其最佳客户更喜欢什么，而是直接提供它们认为客户需要的产品或服务。例如，今年我在酒店里度过的夜晚比一般游牧人整个一生在帐篷里度过的时间还要多。大多数酒店都是高档酒店，但也有一些是比较中等的连锁店，比如万豪国际酒店。

一个晚上的住宿价格与卓越或客房服务没有多少关系——至少是我所认为的比较重要的客房服务。当然，他们每 10 分钟就会敲门或打电话给房间，询问是否一切安好，或者重新整理我的东西，整理床铺，像复活节兔子一样把糖果藏起来。但是在下午 5 点的时候还没有准备好我的最贵的房间，因为客房部服务主管还没有检查过，甚至不能用客房部的话说房间已经准备好了。我没有考虑在大厅里等上 45 分钟，甚至是足够的客户关注。

有几家价钱昂贵的酒店收取了额外的上网费用。其中有一家增加了虚幻的客房服务费用。还有一家在我推迟退房时间结账 10 分钟之后就给我打电话，看我是否打算离开，即使另一个"客房服务助理"已经同意我可以晚点退房。

在芝加哥市中心的一个繁华地段，酒店没有吹风机，没有多余的毯子，没有多余的纸巾盒，也没有多余的卫生纸。如果一家每晚收费 400 美元的酒店，在增加 4 美元的纸质产品，并提供免费上网服务之后，这会破坏一些巨大的永恒的计划吗？

我知道这家酒店的员工肯定接受过普遍的客户服务培训，因为他们的说话方式听起来都很相似，而且我留言写下的任何类型的东西，他们也都给我提供了。负责我登记入住的领班甚至会从前台后面走出来，把装着钥

匙的信封打开，让房间号码数字朝向我的方向，双手递给我。这是一个根深蒂固的姿态，就发生在我亲眼看见他们的门卫与出租车司机互相辱骂的时候，也就是我无法连接到我房间网络的 10 分钟之前。我试着打电话叫客户服务，但电话机上的电池也没电了。

2. 满意只是最低标准

如果你希望自己的公司从竞争中脱颖而出，就不能把目标定在"满意"这一级别上，而是必须超出客户的期望。满意的顾客不会抱怨，但这并不一定会让他们成为更多的"回头客"。

在《客户的隐藏财富》（*The Hidden Wealth of Customers*）一书中，作者比尔·李（Bill Lee）提供了令人信服的逻辑，即让客户关注的目标远远超出你的最佳客户对你的期望，同时也能加快产品的采用和长期忠诚度。正如李指出的那样，对于其他客户他们远比我们更具信誉，一些人甚至更了解你的其他买家，他们是同龄人，比我们更了解彼此。[5] 这些客户不会对你赞不绝口，也不会向他们的同事推荐你，除非你已经远远超出了他们的要求。这些可以成为你最有效但最便宜的销售队伍，即所谓的俄罗斯评委，他们会要求卓越。

3. 痛恨不公平的实践

编写商业题材书籍的作者要寻找最佳实践举例时，老是会用美国的西南航空公司（Southwest Airlines）的案例作为客户服务卓越的最高标准——如果你能意识到航空业是出了名地不以客户为中心，西南航空的做法就很不简单。这家公司成功的原因之一就在于，它拒绝实施会损害客户利益或让客户多掏钱的不公正实践。更改航班或取消所有其他主流航空公司的旅行，通常客户都被要求付出包括对这一变化的"罚金"和对新航班的更高票价。因此，考虑到意外事件和突发事件的恐惧，即使在其他航空公司更方便的时候，客户们也会选择在西南航空预订航班。多年来，西南航空一直是唯一一家保持盈利的主流航空公司，并远离破产和合并的威胁。通过这些不公平的"惩罚"措施，他们可能获得的资金都超过了他们的金库。同样，西南航空不收取检查包的费用。同样地，竞争对手可能会指出，收费必须获得工资，这足够公平。但西南航空不断致力于提供超越"满意"水平的服务，从而让公司做出的决定追求卓越并远离不公正，并且得到了回报。

4. 禁绝不合理收费

西南航空让我们看到了避免额外收费的价值，因为它只对产生了成本的服务收费，变更航班（尤其是在网上变更航班）不会让航空公司付出成本。在西南航空，乘客可以免费托运第一件行李，而其他航空公司则以需要聘用更多人员管理托运行李为由额外收费。与西南航空在客户心中创造的良好商誉相比，其他航空公司增加的这点收益几乎微不足道。

然而，酒店继续收取互联网服务费用。令人奇怪的是，像万豪这样的连锁酒店都不收取服务费，但市中心的高端酒店却要收取服务费。这些顾客本认为优秀的酒店，当他们对客人斤斤计较的时候将使得他们自己丧失信誉。如果主管意识到他们需要为一项服务收费，就把费用涵盖在房间的价格中就好。愿意花费超过 400 美元来订一间客房的客人不会拒绝支付414 美元的房费，没有人会愿意花费 414 美元去支付原本 400 美元的房费。

5. 雇用能流利讲英语的人来做接线员

你可以称我为勒德分子（Luddite），我喜欢与人交谈，而不是机器。我们仍然记得勒德分子是 19 世纪时期英国纺织工匠，他们强烈抗议新开发的节省劳动力的机器事件。工业革命的机器威胁着低技能、低工资的工人，迫使他们面临下岗，从而引发抗议。

今天，当组织允许机器做人类曾经做过的工作时，卓越会受到影响，尤其是当这项工作涉及某种技术援助时。前段时间，我遇到了一个公司的很多技术难题，这些公司创造了一些我使用的评估工具，我决定进行转换。心理学家非常重视这种特殊的评估。质量最明确地定义了它的卓越性。

多年来，该测试公司做了必要的研究和更新的有效性研究，以确保他们提供最好的质量仪器。然而，我将加入我的同行评估心理学家行列，放弃了它的使用，因为客户服务差。

具体来说，该公司已经决定提供一个在线版本的测试，它与业界保持同步，是一个明智的和必要的更新。然而，他们一开始就没有把所有的漏洞从系统中取出，所以质量受到了影响。然后，他们忽略了建立系统，来保证在线版本能始终如一地提供出色的结果。有时在线版本会起作用，有时则不然。但在人们完成评估之前，我们将不得而知。最后，他们没有提供一个人来帮助我，来告诉我们能做些什么来解决这些问题。我仍然在等待一个来自人类的回电，这个问题发生在四天前。说句公道话，本周早些时候，我收到了一个留言，是一个在我的语音信箱里留言的人，但是他的口音非常明显，我不知道他是谁，或者他的建议是什么。

6. 在四个小时内回电话和回复电子邮件

除非你在需要时刻保持警惕的美国宇航局，或者在进行复杂的脑部手术的时候，你都需及时回复电话。然而，我听到的关于未回复电话和电子邮件的投诉数量时十分震惊。在某种形式下，电子邮件或语音邮件的发送者可能代表内部或外部客户。未能及时答复会造成两个后果：第一，这会传递出一种信息，你不关心这个人、这个问题或这个人在你的生活中无关紧要；第二，你妨碍了流程的进行。通常，对方之所以给你打电话或发电子邮件，都是因为遇到了某个具体的问题或希望从你这获得某种信息，如果你没能提供，就会妨碍他开展下一步的行动。

7. 别改变人们喜欢的事物

唯一比不给他们想要的东西更糟糕的是拿走他们曾经拥有的东西。航空公司再一次为工厂提供最大的利润。他们曾经提供袋子检查作为票的一部分，然后，他们开始限制随身携带的行李数量，这导致了更多的行李检查。当然，航空公司因为要雇用额外的行李搬运员而付出了成本，所以他们想把成本转嫁给顾客。为什么不把票价提高 25 美元呢？任何一天你乘坐西南航空，你会注意到全平面和拥挤的架空箱。人们不滥用西南航空免费支票袋功能。事实上，他们甚至不用，除非他们不得不这样做。由于显而易见的原因，大多数人喜欢随身携带他们的行李。

拿走客户曾经喜欢的东西会导致客户流失，但对客户曾经欣赏过的产品或服务进行改变也会造成同样的后果。各公司经常会发现它们无法继续以同样的价格提供同样品质的产品或服务，但它们应对的做法不是提价，而是降低品质。或者，对现有服务提价，却以更低的价格拉拢新客户。电话和有线电视公司在这些做法中臭名昭著。这类公司都开始争夺新业务。几乎每天，我都会收到来自美国电话电报公司的营销报道，他们曾经把我当作客户，但他们不断地侵犯客户的注意力，让我意识到，尽管他们付出了巨大的努力，我不会再回到他们身边。

在公司里，你有一个很有现实意义的任务，那就是重点关注最终的裁判者——你的最佳客户。尽管这套机制使用起来既不容易也不简单，但却是实际可以做到的。如果放弃了这一点且满足于让客户"满意"，用不了多久你的竞争对手就会挖掘出"令人眼前一亮"的元素，并加到它们的服务中去。

培养一个敏捷的组织

在贾雷德·戴蒙德（Jared Diamond）的《枪炮、病菌与钢铁》（*Guns, Gems, and Steel*）中，作者带领读者回到 13000 年前，开始一趟旋风之旅，直到冰期结束。除了武器、疾病和工具外，帝国的起源、宗教、文字、农业和枪炮也都在本书中。作者还讨论了它们在人类社会不同发展中的作用。他还直接和间接地提供了一些关于领导者能做些什么来影响他们所创造的文化和他们渴望领导的组织的意见和建议。

戴蒙德从一个总体的问题开始："为什么现代社会中的财富和权力的

分配，是以今天这种面貌呈现，而非其他形式？"[6]他认为，不同大陆上的社会发展不同，是因为大陆环境的差异，而不是人类生物学的差异。他将19世纪20至30年代新西兰土著毛利人的一系列部落战争称为Musket Wars，并以此解释了欧洲的枪支是如何在部落之间传播的，而这些部落以前曾用石头和木制武器互相攻击。他指出，这些战争说明了贯穿过去1000年历史的主要过程：拥有枪支、细菌、钢铁或者具有较早的技术和军事优势的人类团体，他们已经发现了以牺牲其他群体为代价的方式来壮大他们的队伍，直到后者被完全取代，或者所有族群都开始占据同样的优势，达到新的平衡。

在图书发行后，戴蒙德开始受到包括比尔·盖茨在内的商界人士的注意，经济学家指出，整个人类社会的历史和商业世界中群体历史之间可能存在相似之处。作者开始提出质疑：即使是在同一个行业，我们如何解释一家公司的成功对另一家公司成功的帮助有多大？

他总结说，如果你的目标是创新和竞争能力，你不希望过度团结或过度分裂。相反，你希望你的国家、行业或公司被分成相互竞争的团体，同时保持相对自由的交流。[7]

戴蒙德用啤酒来展示他关于成功竞争的理论。正如他所说的，德国人酿造了美味的啤酒。世界各地的人们都在吹捧德国啤酒的质量，说德国人在全国各地都在生产这种啤酒。但是德国人并没有有效地做到这一点。

德国啤酒工业受到小规模生产的影响。德国有1000家小型啤酒公司，相互竞争，因为每个德国啤酒厂实际上都有当地垄断，它们的法律保护它们免受进口竞争。相反，美国有67家大型啤酒酿造厂，生产商是德国的两倍，啤酒的平均产量是德国啤酒生产的31倍。而且，大多数德国啤酒在酿造厂的30英里内消耗，它们没有竞争，没有灵活性，只有上千个地方的垄断。[8]

追求卓越意味着你要持续稳定地制造高品质的产品，同时采取敏捷手段来击败竞争对手。因此，枪支、细菌和钢铁的组织等价物是技术、精英和水晶球。你当然需要第一章提到的大数据。这些将构成你组织的枪支和钢铁。但更重要的是，你需要让组织所有成员理解信息的含义，让他们能够参考历史环境来预测未来的需求。然后，这些人会开发出不同的预测机制，了解到未来的多种可能性和会导致这些结果的事件。

敏捷专家阿曼达·塞提莉（Amanda Setili）是塞提莉联合公司（Setili & Associates）的创始人，多年来也一直担任麦肯锡公司（Mckinsey）顾问，她总结出了很多经验。她致力于帮助自己的客户进行市场定位，并建议企业领导者通过三件事来增加组织的敏捷性。

观察机会。塞提莉建议客户跟他们自己的顾客保持密切关系，也就是说她建议他们去获取自身客户的亲身体验，甚至去购买竞争对手的产品。寻找变革的机会，注意发现线索。

进行决策。不是光下"要敏捷"的命令就行了，而是要进行一系列决策提升公司的竞争优势和驱动力。召集你手下最优秀的人，让他们从不同的角度分析你的产品和服务。可以考虑指定两个团队：一个进行头脑风暴，开发新产品创意；另一个专唱反调。要推行重大变革时应考虑不同备选方案的习惯。

在实施的过程中也要保持敏捷。根据塞提莉的说法，变革的准备工作与开展变革的能力一样重要。塞提莉把公司的敏捷性比作网球比赛，[9]最好的网球球员是真的在踮着脚蓄势待发，而不会站定不动。组织可以在市场上也类似，敏捷地应对突然的，甚至意想不到的变化。他们不仅仅是在其他人的赛道上跑得更快，或者在他们的竞争决定的方向上跑，对机会和变革同样保持警觉。敏捷组织会针对客户需要进行响应，并抢先定义对手不得不服从的游戏规则。他们可以做到这一切，因为他们从建立在质量、一致性和客户关注基础上的卓越开始。

结论

    为什么有些组织能飞速发展，而另一些却磕磕绊绊呢？答案在于他们的组织体的遗传基因——一个卓越组织的构建：战略、文化、卓越和才华。杰出的组织会如同磁石般吸引优秀员工，这些员工天生就要求自我出色，也要求与其共事的人也是表现出色的。他们希望能有权做出决定，以改善组织和他们自己的生活，他们希望自己的优秀与雇主一致，而雇主也是出类拔萃的。

    这些精英渴望一种以行动为导向的文化，在新的信息或学习表明它需要时，应对变化并重塑自我。他们想要"飞"，而不是失败的航空公司。简而言之，他们希望为那些在战略上努力思考、成长壮大、智能化、竞争成功的公司工作。这种组合可以让他们走到前面，将鸭子和鹌鹑分开，将王牌与普通牌分开。

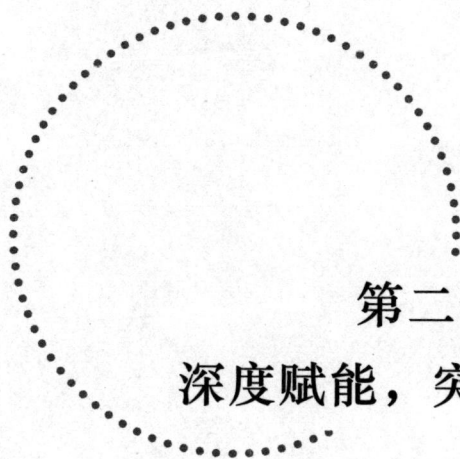

第二部分

深度赋能，突破精英困境

第五章
执行：先加大优势再弱化劣势

我们需要聚焦卓越产生之因，而不是路途之障。
只有这样，我们才能将自己变得卓越，将依靠
我们的人变得卓越，将我们的团队变得卓越。

当今经济形势不允许平庸。如果公司吸引不了最优秀的精英来提供产品和服务，他们就会被竞争对手超越。彼得·德鲁克几十年前就指出，人们及时并正确做出决策的能力，是保证竞争优势的最终可靠来源之一，因为很少有组织能在这个领域出类拔萃。现在，比以往任何时候都更重要的是，组织的唯一最重要的绩效驱动力是精英，不是指泛泛的一般精英，而是指卓越精英。只有那些满世界寻找专家、天才和奇才的组织，才能有希望引领他们的产业走向未来。仅仅普通和平庸都是不够的，这二者都不是潜在黑马。

精英和精湛技艺并非截然对立，根据所有客观的标准，一个优秀的高中棒球运动员与其他高中球员相比，我们可能会认为他是一个伟大的运动员。然而，当与大学、小联盟或大联盟球员进行对比时，评估者可能会得出不同的结论。

你可能已经在你的组织中发现了"潜在黑马"。随着时间的推移，这些人渐渐地显露出来，他们是可以被指望取得成果的人。甚至，自从公司成立以来，他们也许就代表着最优秀的员工。换句话说，当他们一直处在团队联合工作的环境时，他们会把自己与普通员工区分开来。你很高兴拥有他们，你会毫不犹豫地再次雇用他们。我向能提供给我一些积极的增长战略的客户咨询，他们给了我一些不同的挑战性思路："他们让你有今日之成就，但他们是否还能帮你取得明日之辉煌？"换句话说，他们的卓越表现是连续的。他们可能是你过往成功的缔造者，但又有可能是竞争对手曾经或即将拥有的最佳员工。我们可以这样认为：

潜在黑马	精英
道德	无可非议
高素质	专业
技艺精湛	卓越
纪律	进取心
一般常规的经验	关键领域的经验

也许你的潜在黑马足够优秀，能够帮助你维持局面，也许他们不行。你的一些潜在黑马拥有着有一天会成为大师的极高潜质，他们可能有原始天赋、誓言卓越，以及发展自我与组织的决心。但你需要看到证据，证明他们能够快速学习和进步的证据，这包括责任和技能习得两方面。只有这样，你才能乐观地认为你有合适的人了。

精英脱颖而出，并树立 E^5 精英表现模式的典范，即道德（Ethics）、专业（Expertise）、卓越（Excellence）、进取心（Enterprise）和经验（Experience），强迫其他人认真对待他们。他们并没有提高标准，他们只是给所有人设定了标准，他们是其他人应该努力争取达到的黄金标准。如果你满世界搜寻，都很难找到那些做得更好的人，你会毫不犹豫地再次雇用他们，如果你发现他们要离开，你会崩溃的。

因为这些人是思想领袖，其他人渴望得到这些大师们的指导，并以他们为榜样。这些大师常常被他们认为是急躁的和反主流的，但很少被忽视。

大师们对过多监督和严格控制会感到愤怒，幸运的是，他们两者都不需要，他们不断地开拓新大陆，迎接未知的挑战。"艺术大师"一词没有同义词，有些人可能会用"艺术家""专家"或"音乐家"来替代，但这些是不够的。许多人可以声称拥有这些头衔，但无法通过石蕊试剂精准测试。从定义上说，几乎没有大师存在。如果你有幸拥有一个这样的团队，那就去认识他们，并利用你的影响力去帮助他们编制出优美的组织乐章。

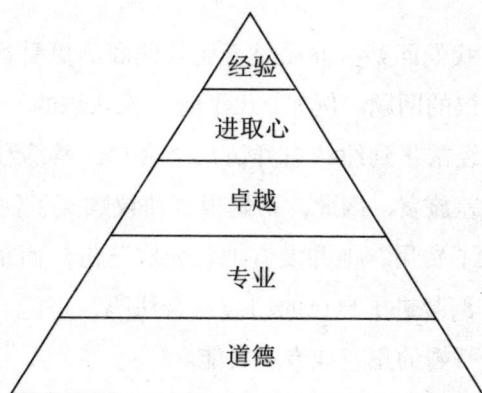

道德：做对，做好

　　尽管有些人可能会说，在任何道德准则之外，例外论和精湛技艺可以独立存在，但在商业领域，伦理是两者的基础。可以说，像海明威这样的伟大天才，吸引了几代人的关注，尽管很多人发现他的一生中大多都在无视文明的准则，然而，几乎没有人会把他广受欢迎的文学大师的头衔撤下来。这就是隐喻的不完善之处，企业根本不会支持这种崩溃。尽管有些抽象和空洞，但为了这次讨论的目的，让我们假设道德是定义一个真正的艺术大师的基础。

　　2000多年前，亚里士多德帮助我们理解了这一观点。在他看来，幸福是最高的善，根据他的哲学，幸福是一种按照美德所追求的理性活动。

因此，生活的美好需要一些不仅仅是处于某种状态或正直状态的东西，还需要包括那些实现道德的终生活动。正如我们现在所理解的，创造精英。

　　亚里士多德坚持认为，伦理学不仅仅是一门理论学科，我们询问人类的"善"，不仅仅是因为我们想要拥有知识，而是因为如果对它的繁荣有更全面的理解，我们就能更好地实现我们的善。亚里士多德认为伦理学的研究应该寻求影响行为，那么，精英究竟做了什么来证明他们的道德观呢？

　　在商业中，当我们问某些商品是否比其他商品更受欢迎时，就会产生一个困难且又有争议的问题。例如，几年前，我认识的一个顾问——蒂姆，他住在圣路易斯，经常飞到纽约去拜访几个客户。蒂姆和这些客户之间的协议涉及支付他的差旅费，因此，蒂姆根据协议购买了往返头等舱机票，并向三个客户收取了费用。他并没有把它分成三份，而是让客户分别为它单独计费，并把差额装进了自己的口袋。合法吗？可能。道德吗？不。但我不记得有人指责蒂姆的正直或专业技能。

　　虽然蒂姆做了对他有益的事，但伦理学涉及对最高的善的追求，而亚里士多德认为，最高的善，无论结果如何，都有三个特征：

　　·这种行为本身是可取的。

　　·为了别的好处，这是不可取的。

　　·所有其他事情就它本身而言都是可取的。

　　显然，蒂姆从机票价格中获利的决定并没有通过亚里士多德的检验，但这种决定还有其他后果。

　　蒂姆经营着一家精品公司，雇用了其他知道他做法的顾问。你们会对有人开始模仿老板的行为表示惊讶吗？

　　除了"篡改"自己的费用报告之外，蒂姆还通过其他捷径来推动业务。他经常要求出售服务，即使这损害了客户的最佳利益。他告诉客户自认为他们想听的东西，即使他们需要知道的是不同的。他要求他的直接下属也要如法炮制。此外，他经常与那些不需要知道的人讨论高度机密的、需要保密的信息。

他的直接下属开始报销他们本可以支出但并没有支出的餐费，他们本该提供但并没有提供的小费，以及他们可能发生但实际没有发生的费用。有时，公司将这些成本转嫁给客户，但最终蒂姆发现自己也受到了自己所创造的不道德文化的影响。

随之而来产生了三个后果。首先，客户们开始听说这些不道德的做法，这些做法在短期内导致他失去业务，长期以来损害了公司的声誉。第二，蒂姆最终发现自己花费了大量的时间来监督他的直属手下的行为。不是花时间开拓业务，而是把时间浪费在审查费用报告和监控电梯以确保没有人提前离开的行为上。第三，蒂姆失去了他雇用的优秀员工。他有一群稳定的纯粹的卓越员工，这些年来一个接一个地离开他，仅仅是这些员工想为自己和所服务的客户提供更好的服务，想要在一个与他们自我承诺相符的地方工作，去做自认为正确的事情。

义务论（Deontology），来自希腊文的 deon，意思是"义务"或"责任"，是一个行动的道德立场，它根据遵守规则的行为判断一个行为的道德性，即对需求进行禁止或允许的选择。这一学派认为，有些行为本质上是道德的或不道德的，与合法性、语用学或普通实践无关。例如，有些人认为酷刑是错误的，不管它的合法性或它用于获取关键情报的用途，这些人支持义务论观点。其他人则认为酷刑通常是错误的，但如果不得不采取极端做法时，它对国家安全来说是必要的。哲学家们通常将义务论伦理学与结果主义伦理学进行对比。也就是说，行为的正确性取决于其结果。

精英们接受义务论学派，并在他们的行为中证明这一点。你不需要检查他们的费用报告，因为即使他们能侥幸逃脱，他们也不会这样做。你不必担心他们不当的个人生活行为会让公司难堪，因为他们会自我调节。他们不相信负负得正，也不会去寻找道德空子，因为他们不会去钻这些空子。也许，伯尼·马多夫（Bernie Madoff）如果以不同的方式运用自身天赋，并接受了这一道德理论学派，那么他就可以跻身世界金融名人之列。

正如亚里士多德在几千年前所指出的，关于什么对人类有益，大家各持己见，众说纷纭。许多找借口的行为通常看起来是错误的，但当它是为改善组织而做时，就会被原谅（人们可能会注意到，亚里士多德从未有过销售配额）。同样地，法律漏洞也允许错误的逻辑。自亚里士多德以来，哲学家们一直试图用更实际的术语来解释伦理学，但我接受他提出的三个标准。

诚信不是一件雨衣，你想穿的时候就穿。它是指导你生活的一种条件，而不仅仅是一套协议。精英不会仅仅通过学习一般规则来获得他们的道德基础。他们还通过实践发展他们自己，慎重、情感和社交等技巧能使他们以合适的方式将诚信的理解付诸实践。同样地，精英也明白，他们不能通过要求自己在一份声明上签名来"传授道德"。相反，他们在个人生活和职业生涯中树立和塑造道德榜样。

从内心层面上讲，精英理解海明威的观察："道德就是让你感觉良好的东西，不道德的是你事后觉得不好的东西。"（他的生活表明，他和我们许多人一样，在理智上理解这一点，但未能将这一知识融入他的日常行为中，这也是我们所共有的。）超越意识去实践，诚信是将艺术大师与其他顶级演员区分开来的因素之一。

专业知识：精英的原始数据

有些人可能会说，在对精湛技艺的讨论中不应该包含伦理。正如前面所提到的，我们常常考虑一个人是世界一流的，不会去考虑他们卓越领域之外的行为。然而，在专业知识方面，没有人会建议做出妥协，正是因为专业知识真正定义了精湛技艺的核心。为了更好地理解专业知识的本质，我提出了四个关键的概念：智力、天赋、知识和表现的一致性，这也将转化为对卓越的讨论（经验应该被认为是第五个概念，但在这次讨论中，我将单独加以论述）。

尽管这五种能力的排名可能会有所不同，这取决于艺术大师的本质，但在商界，成功高管的最重要标志是智力，或者是帮助我们做出决策和解决问题的特定认知能力。这个领导智力的定义有三个主要组成部分：批判性思维、学习能力和定量能力。其中，批判性思维是最重要的，也是最不容易理解的。

冷静的审视、战略重点和分析推理构成了批判性思维的基础。这些能力使一个人能够对未来产生的结果进行预测，去了解复杂问题的核心，专注于最基本的事情，而把那些琐碎的事情放在一边。正如我在《坐上总裁的座位》（*Landing in the Executive Chair*）中指出的：如何在高级职位上脱颖而出，你可以根据他们的决策模式来评价一个人的批判性思维：

·这个人是否懂得如何将战略与战术区分开来？要从"怎样"区分到"什么"。

·这个人能否保持全球视野？还是已陷入细节和战术的泥潭？"分析瘫痪"让多个顶级执行者把握不住机会。

·障碍会阻止这个人吗？或者它们代表着挑战，而不是威胁？从挫折和失望中恢复过来的能力，经常能将强大的战略家和有效的战术家区分开来。

·在混乱中，他能创造秩序吗？精英们总是把问题看得很清楚，并意识到很少有事情真的像它们最初看起来的那样可怕。

·这个人是否有能力看到模式、建立逻辑联系、解决矛盾和预见后果？还是他把握不住趋势？

·这个人在多任务处理方面取得过什么成功？同时处理许多事情的能力通常意味着良好的优先级和灵活性。

·这个人是反应迅速敏捷果断的吗？还是反应缓慢错失良机？然而，敏捷并不能保证有效的批判性思维能力。有些人急于犯错；有些人会慢慢来，然后再犯错。

·遇到看似矛盾的目标时，这个人会权衡轻重缓急吗？在分配时间和资源的时候，这个人能否把注意力集中在关键事情上，并把很多琐碎的事情放在一边？

·当面对一个复杂且不熟悉的问题时，这个人能否找出问题的核心，并立即开始制订可能的解决方案？

·这个人是否着眼未来，是否能够描绘出各种可能性及其可信图景？关键问题仍然是：这个人能解决复杂的、不熟悉的问题吗？

·意外和不好的变化会如何影响这个人的表现？如果他的分析推理是经过精心打磨、组织有序和系统条理的，决策者就可以对变化做出积极的反应，即使他们不喜欢。

·在担任领导职务时，这个人是否能成为建议和智慧的源泉？他是否能替那些在复杂问题上苦苦挣扎的人做出有效的发声？

大多数人都能学会遵循一套既定的协议或程序。给他们一个对照表，他们就能执行计划。他们知道如何快速奔跑，但有时他们不知道该跑哪一方向。这些人通常都是有价值的员工，甚至可能是最优秀的员工，但他们不是精英。

一般学习能力是领导型智力的第二个重要方面。当领导者能够迅速获取新信息时，他们不会浪费宝贵的时间摸索前行。他们评估新的领导形势，了解员工、产品和过程，然后立即采取行动。当这种情况发生时，组织的反应是将新领导人的想法付诸行动。阅读能力、词汇量和基本的数学技能是学习能力的基础。通常，但并非总是如此，教育的成功是一个人在组织中学习速度的准确预测。当然，持续学习可以让人们了解自己的学习方式，这样他们就能更熟练地获取新的信息和技能。

尽管这些对大多数的组织高层取得成功来说是至关重要的，但并不是所有的领导力转变都需要定量能力。了解这些数字的含义，并利用它们做出复杂的业务决策，使得个人能够做出预算或盈亏评估。这些技能的卓越发展赋予一个人在分析战略时能够评估合并、收购和风险投资的细微差别的能力。解决数值问题、批判性思维和熟练的学习定义了商业智慧的基础。

在我 35 年的咨询生涯中，我发现，天生智力毫无疑问是商业领域专业知识中最重要的组成部分，也是大型组织高层中最重要的区分者。斯坦福大学的心理学家刘易斯·特曼（Lewis Terman）在 20 世纪早期的时候就意识到了这一点，率先进行了智商测试。在他看来，对于一个人来说，除了道德之外 [1]，没有什么比智商更重要了。观察和情绪相呼应，但我也认同"智商原教旨主义者"阿瑟·詹森（Arthur Jensen）的观察。詹森观察到，智商水平，除了那些超出了能让一个人获得研究生入学资格的水平（约智商 115），在成功方面变得相对不重要。换句话说，高于这个范围的那部分（即超过 115 分），要比低于 115 分的那部分的影响要小。[2]

举个例子来说，大多数成功的职业足球运动员都是大个子，但大到超过一定的重量之后，你就看不出他们有更高的技术或优势。就像美国国家橄榄球联盟的球员一样，智力也有一个门槛。你必须足够聪明才能把工作做好，但又不能过于聪明。精英并不缺乏领导才能，他们有足够的领导才能。但这种才能也体现了心理学家所说的"实用智力"或"情商"。精英知道该说什么，什么时候说，对谁说，他们了解自己及他人的情绪、恐惧和动机。

在关于技艺的一般性讨论中，才能和智力是分开的。有些人可能在音乐、艺术、表演或其他活动上有着非凡的天赋，但智商却并不高。然而，在商业领域，最受欢迎的精英往往与认知能力密切相关，以至于把他们分开似乎是不可能的。但也有例外。我测试了一些世界级的销售人员，他们在所有的认知评估中均获得了一般的分数，他们甚至在销售知识测试中都没有取得好成绩。但只要把他们放在顾客面前，他们就可以立马进行销售。因此，当被要求评估一名销售人员时，我告诉客户唯一可靠的数据就是跟踪记录。他们有销售天赋吗？如果他们有销售天赋，那很少有其他事情会至关紧要。如果他们没有销售天赋，其他事情都无关紧要。

优点：卓越的一致性

　　虽然需要，但仅有专业知识是不够的。即使人们拥有世界级的才能，他们也必须定期地练习和磨炼他们的技能。例如，著名钢琴大师弗拉基米尔·阿什肯纳齐（Vladimir Ashkenazy）说，如果他错过了一天的练习，他会注意到。如果他错过了两天，他的妻子会注意到。如果他错过了三天，观众就会注意到。像大多数精英一样，阿什肯纳齐意识到实践与卓越之间的必然联系。

　　在精英表现的五个概念中，最大的挑战是理解并实现卓越。是什么让我们变得卓越呢？

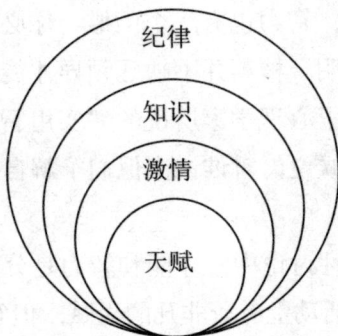

纪律
知识
激情
天赋

　　才能是建立卓越的坚定基础，但也必须对才能产生认知。如果我们把才能留在未知的领域，未知的潜能对我们没有什么好处。这就是为什么探索各种各样的活动和主题对孩子来说是如此重要。孩子们可能拥有大量待开发的才能储备，这些才能将潜伏一辈子。在我们的组织里，卓越的精英是不会发生这样的情况的。不管通过何种过程、何种帮助，他们确定了使他们与众不同的优势。

　　一切都始于天赋，即拥有天生的能力才可以做好某件事。那些拥有天赋的人往往一开始认为这是理所当然的，甚至会问自己："难道不是每个人都能做到吗？"最终，他们意识到，每次尝试这一活动时，他们都能有持续的出色表现，但不是所有人都能做到。此外，一旦他们确立优势，就不会放弃它。相反，他们的热情激励着他们找到方法，以不断发展的新方式来使用它。

激情是一种围绕着活动或追求的磁场。针对与自身才能相关的事情，精英们会感到有一股吸力吸引着自己去学习和参与，而同时会对那些没有同样感觉的人产生排斥力。例如，一个语言学家可能会期待上英语课，但却害怕科学。他可能发现，研究文学是令人满足的，而研究植物学则是一项繁重的工作。精英们确实渴望得到他们感兴趣的东西，有时这种对某一主题知识的渴求会在你年少时显露出一种才能，但有时这种才能以及发展这种才能的热情，会在年长之后才显露出来。

当他们认识到自己的才能之后，他们就会获得知识，即获得用来使用才能的内容和环境。他们要么从自己，要么从别人那里学习。培养他们的先天能力和需要的常识。一个想成为大提琴演奏家的人可能天生就有完美音调的天赋，但除非有人教他如何拿大提琴，否则他永远不会获得使他成为世界一流大提琴演奏家所具备的知识和技能。尽管这一切都需要努力工作，但精英们很快就会获得新的技能，因为这一过程通常会让人感到轻松愉快。这又会让他们对自己的才能充满激情。

然后，他们组织自己的生活，这样他们就可以发挥自身长处，磨炼自身技能，练习他们已经擅长的东西。他们养成了练习的习惯，但他们意识到，只有完美地练习，实践才能完美。然而再多的练习也无法帮助那些缺乏天赋的人。

运动员们知道这一点，但我们这些商界人士往往忽视这一点。体育精英每天都和教练一起工作，教练观看他们的表演和录像并给予及时反馈，体育明星们不断努力改进已经近乎完美的表演。此外，体育教练不会浪费时间去培养那些不存在的天赋，相反，他们专注于训练那些已经表现出具有成为卓越的潜质的人。这一切都是通过训练有素的方式来实现的，这使得运动员在 30 岁之前成为行业顶尖。

一些想要成为伟人的人拥有成为大师的天赋、热情和知识却不得而终，这是因为缺乏训练，他们缺乏一种有序的方法来培养自己的才能。也许他们根本不知道要做些什么才能得到改进。也许他们没有一个老师或导师，能够用光明照亮黑暗，照亮他们实现伟大目标所需的道路。

但这通常无法解释这种崩溃。大多数人知道他们需要做什么来改变和改进，但是他们缺乏这样做的决心。他们没有养成确保他们持续进步的习惯，因为这会对他们目前的生活造成干扰。精湛技艺的回报在未来，但破坏和牺牲就发生在今天。

尽管这很诱人，但我们不应将卓越与完美混为一谈。要想获得卓越，当然需要有一种训练有素的方法来培养才能和激情，以及在大多数情况下表现出色的能力，但它并不需要完美：准确、精确、确切、谨慎。是的，这并不需要完美。如果一个大师把完美定义为目标，那么就会造成三种后果：首先，这个人从来没有达到目标，因为这是不现实的；第二，在通往完美的道路上，卓越员工可能会失去动力，而挫折会随之而来；最后，这位员工将会浪费宝贵的时间和资源，去试图完成一些难以达成的事情。精英很快就学会了这些课程。

2010 年 6 月 2 日，美国职业棒球大联盟在底特律的一场比赛中，底特律老虎队的投手阿曼多·贾罗拉加（Armando Galarraga）几乎成为在大联盟历史上的第 21 位最佳投手。面对克利夫兰印第安人队，贾罗拉加淘汰了他所面对的前 26 名击球手，但是当一垒裁判吉姆·乔伊斯（Jim Joyce）错误地判定印第安人击球手杰森·唐纳德（Jason Donald）以一记滚地球安全到达第一垒时，他对一场完美比赛的渴望破灭了。在 3-0 的胜利中，贾罗拉加以一垒之失结束了比赛。接下来的一周，棒球界的决策者们否定了投球手贾罗拉加的"完美比赛"，尽管视频证实了这一结果。裁判乔伊斯承认他在这本该是最后一场的比赛中做出了错误的判罚。

与其他可能和他处境相同的人相比不同的是，贾罗拉加泰然自若地接受了不公正的待遇，把下一个击球手淘汰出局了。乔伊斯亲自为他的错误道歉，底特律球迷第二天为裁判起立鼓掌。此外，为了显示良好的体育精神，贾罗拉加和乔伊斯握手。

以所有客观标准来看，贾罗拉加是完美的；相反，乔伊斯是有缺点的。然而，在面对逆境时，这两人都表现出了值得称赞的体育精神。可能两人都不认为这是他们最光荣的时刻，贾罗拉加由于得到不公平的评判而失去一个令人垂涎的荣誉，而乔伊斯由于自己的局限性而失去了他的地位，但这两件事都给了我们上一课，让我们认识到卓越的体育精神的重要性，两者都表明我们的目标应该是成功，而不是完美。

如果我们把完美作为目标，我们将永远体验不到胜利的滋味，也不会感到满足。精英们在成绩和成就上茁壮成长，因为两者都带来了满足感。然而，通过我对未来完美主义者的指导经验，我明白了这一点：他们认为自己是对的。"让事情变得精确和需求准确，这有错吗？"他们问我。

问得很好。完美的主要问题是时间的损失。要把事情做得完美，只需要花费更长的时间就行。你可能会很快陷入细节的困境，并陷入分析瘫痪。

例如，我曾与一位名叫谢丽尔的顶尖执行者共事，她是一位正式的完美主义者。她的工作做得很出色，但我知道她从来没有在截止日期前完成过。她的报告完美无缺、准确无误，反映出她花了大量时间写作，仿佛这篇文章将在《纽约时报》畅销书排行榜上争夺下一个令人垂涎的位置。她写完一稿，重修订一稿，且亲自编辑。她出差时也要打电话给她的助手，要求把词语"高兴"改成"喜悦"。她花了大量的时间试图让每一份报告成为一件艺术作品，每个人都会在未来的几十年里欣赏它（在把这些报告归档之前，有一些人会去阅读这些报告，但以后并不会再去阅读）。

我认为她称不上是精英，因为她忽略了通过完成更多工作来蓬勃发展事业的机会。当她没能按时完成任务时，她就已经惹恼了客户。同样有趣的是，她的办公室就像是三里岛核事件的余波。只是，她并没有使用核废料，而是用纸张、文件和各种各样的碎片覆盖了办公室的每一个角落（显然完美主义没有普遍的要求）。

因此，精英和领导的目标，需要的是成功，而不是完美。如果你试图使一切都完美，你就牺牲了结果和效率。脑外科手术和航天飞机的发射每次都要求近乎完美的表现。然而，对我们大多数人来说，80% 的正确就足够了。如果你想要得到其余 20%，你的投资通常不会带来丰厚的回报。精英们明白，"完成"在大多数情况下都胜过"完美"，所以他们比其他人更快地进入未来。

卓越员工有我所说的"未来时态"眼光。他们看到了未来的好处，所以他们为了长期的、持久的快乐而避开了即时的满足。他们有理由相信自己会达到这样的境界，所以他们不会满足于相当好的表现，但也不坚持完美。因为他们的进步是持续的和可预测的，所以他们培养了乐观精神，从而促进了自身纪律。当他们确实面临挫折时，有恢复的韧性，并重新回到他们系统化的、有纪律、追求卓越的方式。他们以严谨的方式来发展自己的卓越，也标志着他们是那些有进取心和足智多谋的人。

企业：设定标准

在《局外人》（*Outliers*）一书中，马尔科姆·格拉德威尔（Malcolm Gladwell）在研究安德斯·爱立信（Anders Ericsson）的作品后，提出了"1 万小时定律"。爱立信根据专业音乐家的生活，并将他们与那些在相同年龄开始演奏乐器的非专业人士进行对比。研究表明，这些专业人员每年都在稳步增加他们的练习时间，直到 20 岁时，他们已经达到了 1 万小时。没有一个"自然音乐家"能很少练习就登上舞台。

"1 万小时定律"是成功的基本要素吗？我们会找到各种各样的卓越员工来证明它吗？一般来说，是的。那些我们认为是商界精英的人，通常在他们的专业领域工作至少 5 年。如果这些人每周工作 40 小时，每年工作 50 周，那么他们每年会"练习"大约 2000 个小时，从而支持这一规则。[3]

如果你努力工作，在某种程度上你会获得成功。如果你没有付出努力，在某种程度上你就得不到成功。在我数千小时的培训中，我发现勤奋和诚信是许多行业成功的基础，甚至让你达到事业顶峰。在这个阶段，努力工作必须保持稳定，但是才能和专业知识开始发挥更大的作用。天赋带来卓越，但正如格拉德威尔用他的"1万小时定律"指出的那样，如果没有顽强的决心，卓越是不会发生的。

正如我反复强调的，领导型智力在任何组织的高层中都是取得成功的因素之一，但要是没有强大的成就驱动力，就没有人会成功。当然，在最佳利用时间方面的天赋有助于区分需要做的事情和一些任务的关键性质，但如果没有明确的偏见和行动，就不会止步不前。

努力工作的意愿、精力充沛、积极进取的态度定义了"进取"。一种竞争精神，一种"能做"的态度，自律、可靠、专注，进一步增强了它。性格评估可以帮助新员工和内部的高潜能员工获得自我成就，但观察可以提供最可靠的方式，来了解一个人是否具备完成工作所需的能力。

在很大程度上，由于精英热衷于运用他们的才华和专业知识，他们热切地迎接挑战，克服障碍。他们的动机显然是从他们的核心开始，并不能很好地回应外部事物，如励志演讲、激励计划和个人魅力。他们足智多谋，意志坚定，他们创造而不是对周围的环境做出反应。他们想要尽自己最大的努力，所以他们不会轻易接受"不"这个答案。通过尝试新颖的方法和积极的创新，他们发展了经验，以了解什么样的努力将会带来最显著的增长和变化。

经验：昨天决定明天
· ·

当为客户提供招聘和晋升方面的建议时，我面临的一个反复出现的挑战是帮助他们评估经验。大多数高层领导人往往会高估自己的价值，尤其是当这个人在他之前的工作和行业经验拥有"只是我们需要的"时。

按照我的定义，精英提供了足够的经验来获得专业知识和成功，但当我遇到真正的精湛技艺时，我对经验的看法就不同了。我不想看到一份记录了15年工作经验的简历，其中的10年实际上相当于1年的10个拷贝。同样，一长串在技能和领导力方面没有进步的工作，也不会给我留下什么深刻的印象。

另一方面，2009年1月15日，美国航空公司的1549号航班在哈德逊河上成功着陆，拯救了155人的生命。2009年，萨伦伯格是一名高级机长，他在30多年的飞行经验中积累了超过1.9万小时的飞行时间。在飞机失事后的采访和写作中，萨伦伯格称赞他在飞行和安全方面的丰富经验，使他能够在1月失事的那一天，完成必须完成的任务。他能在2000小时的飞行时间内完成吗？我们永远不会知道。如果你把一群军事和商业飞行员放在一个房间里问他们这个问题，有两件事会发生：首先，你会经历一场激烈的辩论；其次，你仍然没有一个明确的答案。这种分歧并不能解决精英是否需要经验。现在的问题仍然是："多少才算足够？"

精英很容易感到厌烦，所以他们会迅速地穿过队伍，通过对知识、机会和挑战的强烈渴望，将自己与其他高潜能的人区别开来。他们也表现出自我意识，这是经验的关键。他们平静地接受自己的才能和弱点，他们知道自己不可能在每件事上都出类拔萃，因此，他们孤立那些会阻碍他们成功的人才，集中精力于能取得成功的环境中。

比如说说约翰。2005年，圣路易斯是一家市值高达150亿美元的上市公司的董事会成员，他打电话给我，帮助他们挑选新的CEO。他们把范围缩小到两个候选人：丹和约翰。在两位候选人中，丹提供了更令人印象深刻的经验，但从一般的意义上来说，他是较弱的候选人。我告诉搜寻委员会，约翰是两个候选人中较好的一个，尽管他没有提供丹的那些经验。我更进一步地说，如果约翰不接受他们的提议，他们将不得不重新搜索，因为，尽管丹经验丰富，但他没有管理公司的领导技能。他们不断地告诉我更多，关于丹的经历。我最后说："伙计们，这是我对经验的了解。年龄并不总是能带来智慧。年龄常常独来独往。"在丹的例子中，这就是所发生的事情。董事会很不情愿地雇用了约翰，但一个竞争对手雇用了丹，并在6个月后就解雇了他。

当约翰在2005年11月掌舵时，该股以19美元的价格卖出。几乎一夜之间，它翻了一番，然后迅速增加了两倍。在3年多一点的时间里，该公司在北美、欧洲和亚洲进行了扩张。

约翰的成功有几个原因：他有16年不同的经验，而不是一年经验的16次重复；他是一个杰出的战略家；他有自我意识、道德、事业心。总之，他是一位艺术大师。经验在定义技艺上起着重要的作用，但它出现在金字塔的顶端是有原因的。要想在你的指挥链中识别出精英，你需要更仔细地权衡其他标准，不要夸大经验的作用。经验的主要功能是，当你犯错时，能帮你识别出错误，最好就是能在这一次避开你以前犯过的错误。

结论

我们似乎明白，至少在理智上，我们只有通过加大利用优势来实现超越，而不是通过弱化劣势。当然，我们应该尽量减少弱点，但这只是为了让它们不再削弱我们的优势。换句话说，弱点可以帮助我们防止失败，但它不能保证技艺精湛。

然而，这种利用优势的承诺不会自动发生，因为我们对概念的理解往往更理智而不适用。我们过于关注病理学和弱点，而不是健康和力量。例如，心理学家马丁·塞利格曼（Martin Seligman）发现了超过4万份关于抑郁症的研究，但只有40项是关于快乐、幸福或满足感的。恐惧、沮丧和焦虑会掩盖才能，阻碍卓越的发展，但是克服它们并不代表创造卓越。[4] 要理解和达到精湛的技艺，我们需要聚焦卓越产生之因，而不是路途之障。只有这样，我们才能将自己变得卓越，将那些依靠我们的人变得卓越，将我们的组织变得卓越。

第六章
制胜：激发员工潜力翻倍团队绩效

精英经常遭受自我怀疑，但这并不妨碍他们在领导者的设定下，意识到自己可以在别人无法做到的水平上发挥作用。

"阿凡达"这个词是历经多年演变而来的，从天堂降临到人间的印度诸神的描述，到包含自身改变或人为角色的计算机呈现的现代化定义。无论从哪个意义上讲，这些定义都描述了超越那些受人类约束的，又限制了我们的才能和卓越的世俗束缚。精英们并不能代表具有人类形态的神，但他们确实设定了一个黄金标准，表明人类有能力超越我们对自己的束缚。

在第五章中，我超越了音乐的界限，扩展了艺术大师的传统定义，涉及商业领袖、先锋人物、艺术家、医学研究者、军事领袖和思想领袖。E^5精英表现模式帮助我们理解，这五个一般因素是如何形成精湛技艺的本质的，但还需要继续补充说明。我们还需研究历史上那些杰出人物的一些特质，即那些让他们有别于常人的东西。有时，这些可以简单归为诸如热情、魅力和勇气等，但其他时候，特质才是区分他们的那个离群点。

一旦我们了解这些杰出人物的特质、出身以及应变能力，对那些应该包括在精神殿堂的人，我们就能更好地做出决定，更重要的是，对那些超越自我且拥有这些值得称赞的特质的人，我们可以学习识别和发展他们。我们渴望创造的万神殿不会是一个掩葬地或神殿，相反，对于那些我们共同希望了解的人来说，它将是一个名人堂。

精英的特征

几年前，我要求一个研究生班列出所有时代里排名前五的领导者，一个学生提到了"猫王"埃尔维斯。在学术界神圣的殿堂里，人们不希望看到猫王出现在包含林肯、丘吉尔和马丁·路德·金的名单上。然而，当我们看到最后一个丘吉尔模仿者游走在拉斯维加斯人群中时，该学生提出了令人信服的理由来支持猫王应该在名单上。值得称赞的是，学生提到"影响力"是区分自己作为领导者的关键标准之一。

尽管我并不认为猫王会具有领导力，但这个学生让我对领导力和卓越表现重新进行思考。我开始认识到我们与那些在历史上区分自己的人的一些特征，我开始把这个特征称为"难以描述的好品质"，即只有当我们看到它时，才能认识到的那个特征，但不能总是具体地说出它的名称。猫王有，其他人也会有。

1. 难以描述的好品质

"猫王"埃尔维斯·普雷斯利（Elvis Presley），于1935年1月8日出生在密西西比州图珀洛，从未接受过正规的音乐训练，也没有学会阅读乐谱。在他的职业生涯早期，他没能通过当地的声乐四重奏（歌唱家）试镜，因为他告诉他的父亲："他们告诉我，我不会唱歌。"这个没受过教育、不会唱歌的人，之后成了一个文化的偶像，名字埃尔维斯也是家喻户晓，并且经常被称为"摇滚之王"，或者简称为"国王"。

即使埃尔维斯从来没有经营过一家公司，没有带领过军队进入战斗，也没有改革过社会不公，但他做了一件比大多数人都好得多的事情：他影响了大家。在他死后数十年，他的遗产比他在世时赚的钱还要多，他在格雷斯兰的生日庆典门票每年都会一售而空，而流行的百万美元四重奏舞台秀在许多城市的音乐剧中继续占统治地位。

我认为影响力是某种"难以描述的好品质"，因为我们不知道它为什么会发生，但是我们不能否认它的力量，即影响观点、品位和态度的能力。它不一定包含施压力或支配力，影响包括诱导他人改变自身行为，而不需要施加控制权或使用位置权力的权威。

埃尔维斯向父亲报告说，歌唱家们认为他不会唱歌，但我们中的数百万人持有不同的观点。在他一生中大部分时间里，他那柔软的嗓音主导着流行音乐、乡村音乐、民谣和福音音乐，他的唱片还在继续销售。当然，他是 E^5 精英表现模式的典范，但这并不能解释他的非凡成功。

在英国的"披头士四人组"冲入美国和世界之前，埃尔维斯一直是排行榜榜首。作为历史上最畅销的乐队，我们可以认为他们是一个优秀的团队，即使单说保罗·麦卡锡和约翰·列侬，他们也符合艺术大师的标准。1964 年 2 月 9 日，该组合在埃德沙利文节目中现场表演，并就此改变了摇滚的面貌。大约 34% 的美国人观看了这个节目，这是美国电视节目中有记录以来观众数量最多的。第二天早上，媒体报道说，美国普遍反对该组合[1]，这种评估既短暂又不准确。两天之内，披头士就迅速俘虏了美国观众，并永久确立了其在流行文化中的影响力和主导地位。

原《滚石》（*Rolling Stone*）副主编罗伯特·格林菲尔德（Robert Greenfield）把这支乐队比作毕加索："他们突破了时代束缚，想出了一种独特而新颖的流行音乐形式。没有人会比他们更具革命性，更有创造性，更具特色。"[2] 在披头士狂热之后，这个群体成为 20 世纪 60 年代反主流文化的偶像，在不同的社会和政治领域中，他们是波希米亚主义和激进主义的催化剂。

解释莫扎特、肖邦、贝多芬和其他经典偶像的精湛技艺，不需要想象力，他们清楚而深刻地支持 E^5 精英表现模式。但偶尔，一个人或一群人的影响力无法经受得起艺术大师的试金石试验。我们无法解释，为什么我们共同选择埃尔维斯或披头士乐队。即使是伪迷，也不能否认我们已经选择了他们。

有时，像沃尔特·迪士尼（Walt Disney）这样的人会选择影响我们的人，而我们也接受他们的提议。比如迪士尼选择了出生于1786年8月17日的大卫·克洛科特（Davy Crockett），著名的民间英雄、士兵、政治家和"狂野边疆之王"。在他50年生涯中，曾任职于田纳西州的民兵组织，当选代表田纳西州的美国众议院议员，在德克萨斯革命中服役，并在阿拉莫战役中献出自己的生命。他也是一个优秀的艺术大师，但如果不是因为迪士尼的影响，我们可能早已忘记。

然而，克洛科特的生活起初并不像精英那样。他在9个孩子中排行老五，13岁时辍学，因害怕母亲的责怪最终离家出走。是舞台剧和年鉴的普及，才使得克洛科特具有传奇色彩的一生闻名于世。但直到他死后，人们才相信他那些英勇的神秘故事部分。

然而，到19世纪晚期，我们基本上忘记了克洛科特。沃尔特·迪士尼在20世纪50年代的电视节目中重新点燃了传奇，同时也推出了著名的浣熊帽。大多数"婴儿潮"一代都认为演员菲斯·帕克（Fess Parker）是大卫·克洛科特的代言人。我所在街区的每一个孩子，也许是全国各地的孩子，都会唱《大卫·克洛科特的歌谣》（*The Ballad of Davy Crockett*），这首歌谣包括一句克洛科特说的"在他3岁的时候，就开了一个酒吧"的歌词。

历史学家认为克洛科特于1836年3月6日死于阿拉莫。有人说他在战斗中投降了，桑塔·安纳（Santa Anna）要求立即处决他。其他人则认为，克洛科特的尸体和他的刀，是在被墨西哥人尸体包围的营房里发现的。

也许更多的是神话，而不是事实与细节，尽管如此，历史上的大卫·克洛科特被证明是一个令人敬畏的英雄，一个边疆独立和美德的粗犷代表。在这一点上，他的座右铭是："永远肯定你是对的，然后勇往直前！"我们可以把克洛科特加入到一个讨论中，这个讨论解决了艺术家们无法解释的特征，但至少就迪士尼对他的描述而言，我认为个人魅力也在他的名声中起了作用。

2. 魅力

当我们把领导者称为具有魅力的人时，我们通常指的是他们代表了一种人格化的特殊领导品质，其抓住了想象力，激发了坚定的忠诚和奉献精神。媒体评论员经常把魅力称为"X 因素"，这是一个人的神秘性格，它暗示了两个核心含义的结合：引人注目的魅力和神圣赋予的力量或天赋，一种精神上的礼物。这个术语保留了一个神秘的、难以捉摸的品质，我们把这些保留给那些具有似乎难以理解的优雅、恩惠和影响力的优秀艺术家。本杰明·富兰克林（Benjamin Franklin）就是一个例子。

本杰明·富兰克林是美国的开国者之一，他是一位著名的博物学家、作家、印刷家、政治家、邮政局长、科学家、音乐家、发明家、讽刺作家、公民活动家和外交官，在历史上作为一个有魅力的人而赢得了他的地位。富兰克林是一位穿着皮革围裙与国王共进晚餐的店主，他告诉我们，领导能力、个人魅力和幽默感可以携手并进，在人的一生以及之后，都能产生深远的影响。

富兰克林是一位雄心勃勃的城市企业家，他爬上了社会阶梯，要求在历史上占有一席之地，自从他第一次在美国历史舞台上声名鹊起以来，就一直向我们施展魅力。富兰克林眼中闪耀着光芒，因为他提供了最好的政治和务实的思想，来帮助我们理解和接受那些我们可能会拒绝的深奥真理。

他是唯一一个塑造了美国所有建国文件的人：《奥尔巴尼联盟计划》《独立宣言》《与法国的联盟条约》《与英国的和平条约》和《宪法》。他帮助美国人创造了独特的朴素幽默风格、民主价值观和哲学实用主义。

富兰克林的影响力和他的发明于今天的我们仍然受用，也许是因为他不断地改造自己。美国第一位伟大的宣传家，在他的生活和写作中，有意识地尝试创造一个新的美国原型。在这个过程中，他为子孙后代精心打造了自己的角色，在公共场合描绘了自己的形象，所有这些都是在 24 小时新闻推送的帮助下完成的。

他不喜欢"一切有损平民精神的东西"，他一直信任他同胞们"皮围裙"的心和思想，而不是继承精英主义的人。具有讽刺意味的是，他将知识精英化，并直觉地接受了民主。[3]

3. 激情

如果没有对史蒂夫·乔布斯的认可，对"阿凡达"和模范的讨论就不完整了。乔布斯是一个美国商人、设计师和发明家。乔布斯作为苹果公司的联合创始人、前任董事长和首席执行官，我们要记住他是个人电脑革命的先驱，永远影响整个电子消费领域。

尽管如此，史蒂夫·乔布斯也不是一个模范老板或模范精英，而是被包装成仿真的。在恶魔的驱使下，他能迫使周围的人愤怒和绝望。但他的个性、激情和产品都是相互关联的，正如苹果的硬件和软件一样，往往是作为一个集成系统的一部分，一个由世界的二元视角推动的系统。同事称此为"英雄或白痴二分法"。你要么是一个，要么是另一个，有时是在同一天。在乔布斯的世界里，同样的道理也适用于产品和创意，"最好的东西"或"糟糕的，脑残的，或不能食用的"。他发脾气的故事，包括与比尔·盖茨的争吵，长期以来一直主导着苹果的大厅，他的不良行为甚至促使他的员工设立了一个"在过去12个月里最能与他抗衡"的个人年度奖。

乔布斯可以把他的成功与失败归结为同一个根源：拒绝接受现实和礼貌的界限。他和他的团队做了不可能的事情，因为乔布斯没有意识到这是不可能的。他痴迷于完美和冲动，想要精确和卓越，不让一点谦恭的东西妨碍他。

像许多优秀艺术大师一样，乔布斯没有一个幸运的开始。由于厌倦和社交尴尬，他很难交到朋友，并把注意力放在他觉得很容易的功课上。他的父母同意他跳级，尽管他的考试成绩表明他可以连跳几个年级。但即使是一次晋升也加剧了他的社交笨拙。他和一群精选的朋友用毒品和恶作剧改善了无聊和低度的社交态度。有一次，他和另一位朋友制作了"带你宠物上学"的海报并铺满全校，第二天，各种各样的小动物都在学校里疯狂地跑着。事实证明，这是一个例外，而不是规则——他的恶作剧通常涉及电子设备，例如，通过连接麦克风来窃听私人谈话。

他的创业开始并没有像他的学术事业那样更有前途，至少在一开始是这样的。1975 年，乔布斯和朋友史蒂夫·沃兹尼亚克（Steve Wozniak）成立苹果电脑公司，这两人将乔布斯父亲的车库改造成了他们的制造工厂。苹果 II 号的诞生让公司达到一个新产业的顶峰。乔布斯不安分、没有耐心，他设定了一个让他在接下来的 10 年里一路狂奔的计划。

在 1984 年的整整一年中，随着他时而上升、时而下降的技术、想法和销售，乔布斯经历了一场过山车式的剧变，但他的关系仍然停留在一个可以预测的旋转木马中。不断有新的人们加入到已经迅速恶化的协会漩涡中，但很少有人退出。最后，对他不满的董事会要求他辞职，乔布斯于1985 年离开苹果并成立了 NeXT，一家专门从事高等教育和商业市场的计算机平台开发公司。

一个戏剧性的命运转折，苹果公司在 1996 年收购了 NeXT，作为交易的一部分，乔布斯被任命为苹果顾问。当苹果公司经营陷入困局时，乔布斯接管了公司，并在 1997 年成为临时 CEO。乔布斯的领导力挽救了苹果濒临破产的境地，该公司在 1998 年再次盈利了。

在接下来的 10 年里，乔布斯见证了 iMac、iTunes、iPod、iPhone 和 iPad 的发展，并指导苹果零售店、iTunes 商店和 App Store 的建立。这些产品和服务的成功，提供了数年稳定的财务回报，推动苹果在 2011 年成为世界上市值最高的上市公司。许多评论家认为，苹果公司的复兴是商业史上最伟大的转折之一。

乔布斯生动地为我们讲述了一个过山车式的生活故事，同时也展现了一个富有创造力的企业家的强烈个性。他对完美和近乎残酷的追求热情彻底改变了六大行业：个人电脑、动画电影、音乐、手机、平板电脑和数字出版，他是创造力和应用想象力的终极象征。他建立了一个公司，在那里，把想象力的飞跃与工程技术的卓越结合在了一起。

史蒂夫·乔布斯在他父亲的车库里创办了一家创业公司，并将其打造成了世界上最有价值的公司。他并没有直接发明很多东西，但他掌握了将思想、艺术和技术结合在一起的艺术，从而定义了未来。

他不是很友好，偶尔也不太聪明，但他是个天才。他的创新飞跃是本能的、出人意料的、不可思议的。无论在哪里，他的洞察力都是出乎意料的。我们会记住，他是我们这个时代最伟大的商业领袖，历史将把他放在艺术名人堂，"火焰之神，将升入最光明的天堂"（亨利五世）。[4]可以说，乔布斯的激情驱使他取得成功，但他始于能力的罕见组合。

天赋：不接受任何替代品

猫王和披头士乐队的批评者会说，他们的表现没有超出一般的音乐能力，也就是说，他们没有真正的天赋或专业技能。他们的粉丝会对这一说法提出异议，但即使是粉丝中最热心的人也不能说服陪审团，猫王的歌唱才能有他们那个时代的普通歌剧男高音（那些名字出现在每一场演出后，但却已经被我们忘记）的一半。无论如何，流行音乐家和歌剧男高音都有天赋，关于这点我们可以达成一致。在这种情况下，也许我们不可以把我们认为与众不同的东西与有特殊才华的人区分开来。但有时我们可以，例如，在沃尔特·迪士尼的例子中。

1966年，有传闻称沃尔特·迪士尼在他去世时被冷冻起来，低温保存着，等待着科学可以挽救并治愈他的疾病的那一天。没有什么比这更真实的了。事实上，迪士尼生前在娱乐圈里就已经很火了，且在他逝世之后仍然很火。《星期六晚邮报》把他称为"世界上最著名的艺人，可能是最著名的非政治公众人物"。也许没有一个人能像沃尔特·迪士尼那样，在美国乃至全球流行文化中占据主导地位。无论他在世时，或过世后，每年都有数百万人观看迪士尼电影，参观他的主题公园，收看他的电视节目，听他的录音，购买他的产品，读他的书。他在很大程度上影响了我们的生活，激励了数以百万计的人，影响了数十亿美元。

然而，我们无法衡量迪士尼作为电影制片人、导演、编剧、配音演员、动画师、企业家和慈善家的影响力，我们只能从他如何深刻地重塑美国文化和意识的角度来理解这一点。在20世纪20年代末，他开始重塑动画，逐渐将其从一种强调运动和弹性的新奇艺术变成一种强调个性、叙事和情感的艺术形式。在他的一生中，他获得了四项奥斯卡荣誉奖，并获得了22个奥斯卡奖，共有49个提名，其中包括一年创纪录的四项提名，这使得他获得了历史上空前数量的奖项和提名。

迪士尼是使用电视作为娱乐媒介的先驱之一，制作了包括《佐罗》（Zorro）、《大卫·克洛科特》（Davy Crockett）、《米老鼠俱乐部》（The Mickey Mouse Club）和《沃尔特·迪士尼精彩的色彩世界》（Walt Disney's Wonderful World of Color）等引人瞩目的作品。他还通过迪士尼乐园改变了美国的娱乐形式，将游乐场重新定义为一个充满想象力的体验———一个主题公园，而不是一系列的娱乐、展览或娱乐设施。

简而言之，谎言重新定义一种从未存在过的方式。迪士尼，比任何一位美国艺术家都更能描述术语"愿望实现"，并在很大程度上证明了幻想是如何赋予我们力量的，实际上是，我们学会如何在我们自己的幻想中生活，甚至把世界变成那些幻想。《当你对一个星星许愿时》（When You Wish Upon a Star）是他的电视主题歌之一，作为迪士尼的片头曲和指导原则。他让梦想成真，重塑了这个世界，使之更接近他内心的渴望，为我们塑造了娱乐的本质，承诺了一个近乎完美的词，并符合我们的愿望。

像大多数艺术大师一样，迪士尼很少涉足其中。那些认识他的人渐渐习惯了他对他所感兴趣的事物的那份强烈执着。他在很大程度上是自学成才的，他完全专注于那些对他很重要的东西，比如动画。他是一个充满矛盾的人，他怀念小镇，挥舞爱国主义，在他的超前思维的电视节目中充满了未来主义色彩，这些节目帮助塑造了对技术变革的态度。

我们可以从迪士尼的成功中看出，他有能力从三个小猪和米老鼠等资产中挤出所有可能的利润，然后通过多样化的各种活动与之进行对接，这样所有人都在努力做延伸的产品开发。迪士尼和他的团队没有在单一链条上做事情，也不考虑其他方面的可盈利的能力。

我们将牢记迪士尼作为一名娱乐大师，他的影响力超越了他最初的专注领域。他推动了电影和电视的发展，但他也鼓励了太空探索、城市规划和历史意识。简而言之，他展示了一个人如何维护自己对世界的意志和对成为精英的期望，即他为你我所打造的俱乐部领袖。[5]

爱因斯坦与生俱来的天赋以光辉的形式呈现出来。鲜艳而不是迷人，很少有人认为阿尔伯特·爱因斯坦是"有魅力的人"。事实上，他那不墨守成规的个性、叛逆者的本能、好奇心、热情和冷漠，使他处于一种迥然不同的光芒之中。这位德国出生的理论物理学家并不像本杰明·富兰克林和他的同类所使用的方法那样来赢得他的追随者，而是通过发展广义相对论而开始了一场物理学革命。许多人认为爱因斯坦是"现代物理学之父"，也是 20 世纪最具影响力的物理学家。他最为人所知的是他的能量公式 $E=mc^2$，也因其在物理学理论上的贡献而获得了 1921 年诺贝尔物理学奖，特别是他发现了光电效应定律，这对在物理学中建立量子理论是至关重要的。

是什么使他成为天才的？他的传记作者沃尔特·艾萨克森（Walter Isaacson）认为，爱因斯坦的才华来自于他性格的反叛个性，他的成功源于对传统智慧的质疑和对神秘事物的惊叹，这使得他接受了一种基于对自由思想、自由精神和自由个体的尊重的道德和政治。

我们为了避免盲从，开始相信只有反抗才能伟大。让我们回想一下 20 世纪 60 年代，当时很多人反对政府提出的几乎所有的事情，这个过程激怒了那些企图革命的人，他们最终都成了反叛者。

相反，爱因斯坦通过质疑传统智慧来引领现代。他发表了 300 余篇科学论文，以及 150 余篇非科学作品，他的伟大智慧和独创性使"爱因斯坦"一词成为天才的代名词。

艾森豪威尔总统赞颂爱因斯坦道：没有其他人能像爱因斯坦这样为 20 世纪知识的巨大扩张做出如此多贡献。《纽约时报》刊登了 9 篇关于爱因斯坦之死的文章和讨论，宣称："三个世纪以来，在我们中间出现的最具思想的奇迹，已经在阿尔伯特·爱因斯坦的身上流传了下来。"[6]

爱因斯坦要求火化他的遗体，除了他的大脑。这个器官进入了许多实验室，并引起了精神可嘉的脑专家的注意。与研究中的其他天才大脑相比，科学家们发现了一些显著但不深刻的变化，最后得出的结论是，与之有关的问题是爱因斯坦的头脑是如何工作的，而不是大脑。

他是一个与人类有着亲密联系的孤独者，一个沉浸在敬畏中的叛逆者。正如他的传记作家艾萨克森所指出的，这位"富有想象力的、无礼的专利职员"[7]成了宇宙创造者的读心者，也是原子和宇宙奥秘的锁匠。这一切都是从他与生俱来的天赋开始的，但并没有就此结束。

如何培养一名演奏家

显然，世界需要更多的艺术大师，但他们似乎并没有在拉布雷亚沥青坑（La Brea Tar Pits）[①]中完全形成。自然发展的还是后天培养的，在生命的早期发生的事情，使这些特殊的生物在地球上漫游。

在 1968 年，社会学家罗伯特·默顿（Robert Merton）解释了"特殊的人"的起源，他提出了"累积优势"理论，也被称为"马太效应"，名字来自圣经《新约·马太福音》一则寓言："凡有的，还要加倍给他叫他

---

① 拉布雷亚沥青坑（La Brea Tar Pits），地表中天然沥青的积聚场所，尤指使动物不慎陷入其中并保存了它们的骨骼的天然沥青聚焦点。——译者注

多余；没有的，连他所有的也要夺过来。"

我们在实践中看到了无数这样的例子。成功的人似乎能获得更多的成功。最优秀的学生得到最好的老师，最有天赋的运动员得到最好的教练。富人越富，穷人越穷。当然，我是第一个给予幸运女神应得之物的人，我看重机会在伟人们的生活中所扮演的角色。如果贝多芬出生在非洲的荒野，见不到钢琴，那么人类文明可能就会被剥夺了一个有史以来最伟大的音乐天才。同样，如果米开朗基罗家族拥有一家面包店，也许我们现在只有一个署着他名字的世界级蛋糕，而不是西斯廷教堂。但这些都没有描绘出一幅可信的画面，一幅描绘艺术大师们是如何在我们之间行走的画面。

为了更好地理解这个过程，我最近采访了航天飞机前指挥官和联合太空联盟的前首席执行官迪克·柯维（Dick Covey）。柯维之前是空军的"老顽童"，在童年时期没有什么特殊的优势，比如就读私立学校或家教。相反，像大多数的军人的童年一样，他随便进了一所他爸爸碰巧路过的学校，这也许是件好事，也许也不算什么太好的事。

尽管他的研究取得了进步，但他并不是老师所称赞的那种"好"学生，也不是因为他不能学习。相反，教师发现他很有挑战性，因为他学得很快，很快就厌倦了佛罗里达州西北部高中课程的步行节奏。然而，他确实有方向和重点。他读过关于艾伦·谢泼德（Alan Shepherd）的所有文章，知道他想成为一名宇航员。

在他父亲朋友的建议下，柯维申请并被空军学院录取。1964年，当他进入大学初期，就报名参加了一个数学和科学的冲刺课程，为他在普杜大学航天航空工程的毕业作品做准备。从小，他就接受了良好的教育，他总是不断地提前思考。

柯维在7个月内获得了硕士学位，然后于1969年3月开始本科飞行员培训。尽管他从来没有飞行过，也没有和这么多人竞争过，在1700个小时的飞行员培训之后他还是以优异的成绩毕业。毕业后，他接受了更多的训练来学习飞行，他的训练总时长相当于三名飞行员的训练时间。

在完成了 339 次东南亚的作战任务，积累了超过 1000 小时的飞行时间后，柯维申请了试飞学校，他决定的这条路将引导他进入宇航员军团。当美国航空航天局从数千名申请者中挑选出他来填补宇航员的空缺时，他的梦想终于实现了。

在美国国家航空航天局的 16 年里，柯维有机会雇用那些跟随自己的学员，所以在面试过程中，他开始意识到要培养辨别好与坏的能力。尽管所有申请者都证明了他们作为飞行员和试飞员的能力，但是宇航员队伍中对飞行的要求，往往揭示了那些将会成功的人与不能取得成绩的人的本质区别。

有时，无法以极快的速度学习，导致宇航员踌躇不前，但更常见的是那些表现出柯维所谓的"拙劣的判断"的人，有时这种糟糕的判断出现在他们的职业决策或行为中，但更多的是，这种判断在他们的个人生活中显而易见。尽管有人会认为，应该把个人生活和职业生活分开，但柯维自问道："如果你的判断在紧急情况下如此糟糕，把自己和宇航员团队置于险境，我怎么能相信在其他情况下你会做出好的决定？"没有人想要为人民或美国国家航空航天局的任务带来坏消息。

偶尔，个性特征或倾向阻碍了宇航员的成功。怪诞的行为或"我优先"取向是重要关系的死亡之声，这些关系构成了宇航员的团队合作的关键部分。正如柯维指出的，当你在紧张的约束下工作很长一段时间时，你必须相信你的团队成员。[8]

每一个行业和组织都定义了精湛技术的细节，但有一点是清楚的：优秀执行者学得快，能给别人理由去信任他们，表现出坚强的性格，能够克服进步的主要障碍。柯维拥有累积优势的一些元素：他生来就很有头脑，他的父亲有聪明的朋友，可以给他明智的建议，而且他是"正确的性别"（在他的时代，只有男性才被允许进入空军学院、战斗机中队和美国宇航局）。

当植物学家发现一种稀有兰花时，他们仔细研究优良种子的特性，然

118

后研究了能让花朵优质成长的环境构造：土壤条件、天气、温度、湿度等。同样，当我们遇到人类的等价物时，我们应该审视促进艺术大师发展的显著因素。

天然的还是后天培养的？答案并不重要。当人们进入一个行业时，死亡已经被铸造了。无论你是在做招聘还是晋升决定，你都可以从他们的业绩记录和良好的判断力中推断出他们的优秀表现潜力，因为最好的预测未来行为的因素，也还是过去的行为延续。

柯维的高中老师可能发现他很有挑战精神，但我怀疑很多人会认为，他的成功令人感到惊讶。他确定了一个目标，听取了明智的建议，延迟了奖励，然后把自己奉献给那些会让自己成长的人。大丰收的功劳归功于工厂还是农民？可能两者兼而有之。

坚韧与勇气的作用

通常，术语定义是什么，而非不是什么。然而，试图让学者们达成关于"坚韧"定义的共识，就像要求诗人分享一下关于"爱"这个词的观点一样。然而，学者们在"坚韧"不是什么上保持一致：它不是疾病，不是悲观主义；它不是失败的适应。因此，为了这次讨论的目的，我将把"坚韧"定义为"应付逆境的能力"，它意味着"恢复"的能力。

"坚韧"是什么构成的？这一切都始于我们如何在内心交流。那些研究过创伤受害者的人告诉我们，我对越南战俘的研究证实了，相信一些"更大"的东西是有帮助的。这种信仰形式创造了一种统一的模式，组成了一个人对自己及他人的最深信念，它涉及一个人对真理最坚定的核心理解。这就像艺术家绘画的画布，艺术家能看见那些不可见秩序，而其他人看到的只是表面。

为什么有些人会从逆境中振作起来，而另一些人却憔悴不堪？为什么有些领导人会帮周围的人找到走出危机的道路，而其他人却不能？为了找到答案，我决定研究英雄、勇敢的人，他们克服了一些重大的困难，并变得健康而坚强。我想从这些模范的经历中汲取经验，以便给领导们提供一些建议，告诉他们如何帮助自己和其他人度过那些不可避免地影响组织的风暴。为了找到这些答案，并更好地了解人们如何应对逆境，在1995年，我移居到彭萨科拉，去研究在罗伯特·E. 米切尔战俘中心（Robert E. Mitchell POW）的越南遣返战俘。我找到了答案——令人惊讶的答案。

2013年2月12日，是566个越南战俘被遣返40周年的"回家行动"纪念日。研究人员有理由担心这个群体，因为来自先前囚禁情况的证据表明，创伤后应激障碍的发生率很高：二战中50%~82%的战俘，朝鲜战争中47%~90%的战俘患有创伤后应激障碍。由于这些惊人的数字，在1976年，海军开始了对138个越南战俘的研究。1996年，在20年的随访中，研究人员发现，只有6%的越南战俘接受了创伤后应激障碍的诊断。我们期待有更好的结果。

当将越南战俘与其他囚禁情况进行比较时，数据是惊人的，但统计数据也带来了其他的惊喜。给出一个参考框架：在任何一个特定的时间，一个大都市，大约就有1%~4%的人口遭受暴力犯罪、自然灾害或其他创伤所引起的PTSD症状。换言之，这一群被俘虏囚禁、折磨、孤立和殴打的战俘，与美国普通城市的普通民众相比，PTSD的发病率没有显著上升。怎么可能呢？

研究人员告诉我，他们生活中的四个主要力量帮助他们保持韧性：

· 信仰上帝。

· 爱国主义，即便是打了一场不得人心的战争时的美国。

· 彼此奉献。

· 幽默感。

这些人象征着高度、速度和想法的重要性，这是飞行员的一种流行表达。即使他们的囚禁表明，他们显然已经在字面意义上、隐喻上或心理上耗尽了这三种能力，但他们维持了这三种方式：保持自己的观点，建立关系，并创造性地解决不熟悉的问题。

研究告诉我们，我们希望权力和权威控制我们的未来。当我们感觉到生活受控时，我们会感到乐观和安全。当我们感到生活不受控时，我们会感到被迫害，我们开始感到被削弱、不知所措，无能为力。

尽管俘虏他们的人对他们进行迫害，但越南战俘们并不认为自己是受害者，也没有形成受害者的心态。相反，他们控制了他们能控制的少数事情。逮捕他们的人告诉他们什么时候吃饭，什么是他们可以吃的，什么时候他们可以洗澡、睡觉和使用厕所。他们对我们认为理所当然的日常事务毫无权威，但是他们在一些领域有权力：他们的幽默视角，他们对彼此的承诺，以及他们对一个明确的结构的参与。简而言之，他们建立了一种荣誉感和责任感的文化——一种受其价值观影响并通过他们的行为巩固的体系。

劳拉·希伦布兰德（Laura Hillenbrand）的畅销书《坚不可摧》（*Unbroken*）提供了另一个例子，说明勇气定义的异常行为和结果。她回忆说，在1943年5月的一个下午，一架陆军航空兵轰炸机坠入太平洋，消失不见，只留下了一缕碎片和一层浮油、汽油和鲜血，还有一个年轻的中尉——这架飞机的投弹手路易斯·赞佩里尼（Louis Zamperini）被困在救生筏中。因此开始了一个第二次世界大战中最奇特的奥德赛。

早年，赞佩里尼一直是一个狡猾的不可救药的罪犯，经常闯入房屋，打斗，坐火车离家出走。然而，他在十几岁时发生了变化。他开始将自己的叛逆转到跑步中，并由此发现了一个非凡的才能。这个才能带着他参加了柏林奥运会，四分钟完成了一英里的赛程。当战争来临时，这名运动员变成了一名飞行员，开始了一场旅程，走向他注定要失败的飞行和战争。

赞佩里尼在飞机坠毁后幸免于难，但前方是数千英里的敌对开阔海域，致命的跳跃鲨鱼，一艘沉没的筏子，干渴、饥饿和敌机最终使他被囚禁在一个日本战俘营里。[9] 在忍耐极限的驱使下，赞佩里尼回答了"天才的绝望，充满希望的痛苦，叛逆的残忍"。希伦布兰德选择赞佩里尼为她畅销书的主题，这与她为之前的书选择《奔腾年代》（*Seabiscuit*）的故事的原因是一样的：他们代表了卓越的表现，并说明勇气是如何让普通人完成非凡的事情的。

2010 年 11 月 16 日，巴拉克·奥巴马总统授予陆军参谋长塞尔瓦托·琼塔（Salvatore Giunta）荣誉勋章，使他成为越南战争以来第一位获此殊荣的美国士兵。

荣誉勋章是美国政府向其武装部队成员颁发的最高军事勋章，这一勋章制度在美国内战期间建立。为了获得这种荣誉，接受者必须以三种方式区分自己：

· 这种行为必须涉及生命的风险。

· 这种行为必须非常突出，才能清楚地将个人与其他成员进行区分。它必须超越职责的召唤，如果服务人员没有采取不被允许的行动，就不会有任何批评。

· 这种行为必须得到至少两个人的见证。

显然，获得荣誉勋章的标准之一并不适用于商界领袖，没有人希望你把自己的生命置于危险之中。但是第二个和第三个标准是适用的。

勇气和英雄主义对不同的人意味着不同的东西，但大多数定义都有一条共同的主线：成为一个英雄，需要冒险、博弈、拓荒。这并不适合每个人，但是那些展示它的人通常也会对他们想要完成的事情充满激情。

乐观和希望帮助艺术大师们描绘出可信的可能性场景。他们知道自己无法控制一切，但他们有坚韧不拔的毅力能在无法改变的情况下生存。他们认为期望的结果是可以实现的，并继续努力产生这些结果，即使是在遇到障碍时，他们也不会放弃。他们告诉我们，一个正确的期望实际上会引导其发生。

心理学家马丁·塞利格曼介绍了"习得性无助"一词，它损害了适应和应对。习得性无助指的是一种广义的预期，即事件与自己的反应无关。因此，个人认为他们的应对行为是徒劳的。当这种情况发生时，人们开始意识到超出他们控制范围的因素将决定他们的命运。这些人不去寻找克服逆境的方法，而是接受它。因为，在他们看来，他们无力克服这个问题，他们放弃了。当然，这同时也增强了他们起初的无能为力的观念，而对无助和悲观的看法，也在增加。[10]

精英们参加了一所不同的学校，即教授学习的乐观主义。他们并没有成为被误导的自尊运动的牺牲品，这场始于 20 世纪 60 年代的加利福尼亚的运动，一直延续至今。从管理机构到课堂，数以百万计的孩子已经认识到，自我感觉良好比实际实现更重要。这场运动使"竞争"成为许多人的污言秽语，但对于艺术大师却不是这样。他们发现成就带来自尊，而不是自尊带来乐观。他们聪明地意识到，并不是每个联盟的孩子都应该得到奖杯，也不是每个人都应该得到同样的分数。他们发现并利用自己的长处，这就是他们的自尊和乐观的原因："如果我意识到自己擅长什么，并把精力集中在做最好的事情上，我就能成功。"

了解卓越

卓越始于一个人内心深处的想法和感受，但这并没有就此结束。一个强大的社会支持网络可以使信仰、乐观和希望得以蓬勃发展。我所知道的大多数卓越精英都热爱他们的工作，也爱他们的亲人。他们并不总是擅长平衡工作和生活，但是当他们回家的时候，家人都很理解他们。我遇到过、研究过或指导过的许多人，能吸引到那些理解他们激情的人，常常是其他不同身份的人。他们创造个人生活，维持他们的工作和职业，往往薪资丰厚，所以他们在个人关系中，既能满足他们的存在，又能在特殊的表现中获得经济上的回报。

卓越精英不会毫发无损地度过一生；相反，许多人克服了一些重大的逆境。这种反弹的能力证明了他们可以从生活中遇到的任何事情中恢复过来，所以他们能培养出自信心。他们把不幸视为暂时的挫折和失常，而不是模式。克服逆境有助于培养成就感和自我力量，那些从未征服、经受过或克服过的人有理由怀疑自己是否能做到，但是那些看到逆境的人，敢于"竭尽所能、全力以赴"。

上述卓越精英与我在各种场合中的卓越理念相对应。我提供这些例子是因为他们代表了三种东西：人们擅长的各种方式，结合它们的特性，以及他们区别的特征。比如说，你会在许多精英中发现一种竞争精神，而在其他人中却不存在。当然，如果我们在过去一个多世纪的报纸或头条中翻阅一些体育名人和商业偶像，我们就会发现很多例子，他们在压力下，在激烈的竞争中给我们展示了他们最好的作品。另一方面，如果你要列出特蕾莎修女、马丁·路德·金和纳尔逊·曼德拉，你可能会得出不同的结论。我从未见过或评估过这三人中的任何一个，但我会冒昧地猜测，除了"获胜"之外，肯定有其他东西会激发他们的优秀，或许是因为他们用不同的方式定义了"胜利"。有时我们目睹了精湛的技艺，仅仅是因为人们想要创造卓越，他们不是想赢怕输，也不需要认为别人不如自己。

了解精英需要经历他们的生活和进入他们的内心。这一要求促使我采访了一位真正的艺术大师，国际著名歌剧女高音克里斯汀·布鲁尔（Christine Brewer）。在美国和世界各地的交响乐厅和歌剧舞台上，布鲁尔成长的舞台并不算优雅，她生活在伊利诺伊南部的黎巴嫩小镇，麦肯德里大学是她的母校。

各行各业的成功人士都有类似的经历。他们有一个上帝赐予的天赋，并不断地和虔诚地进行磨炼，但在他们的生活中这些天赋却很少有巨大的优势。布鲁尔来自并不著名的家庭，她的家乡甚至没有麦当劳，更不用说交响乐了。借用作家丹·品克（Dan Pink）的一句话："即使在 20 世纪 60 年代，黎巴嫩也是社会休息的温床。"然而，在她发现自己的天赋之后，她坚定地致力于持续的学习，并聘请最好的教练和老师来帮助她。布鲁尔的故事和我研究过的其他卓越的人没有什么不同，相反，她的故事为那些想要脱颖而出或出类拔萃的人提供了一份路线图。

布鲁尔以一个备受追捧的树人角色开始了她在圣路易斯歌剧院的歌剧生涯。事实上，虽然公司雇用她在合唱队唱歌，但她意识到如果希望从最好的地方快速学习，她需要做更多的事情。所以，她自愿做任何能让她和知名艺术家待在一起的工作。她的处女作简直就是站在舞台上抱着一棵树。

当然，歌剧院的决策者看到了一位罕见的天才。虽然布鲁尔的嗓音与众不同，但她并没有一开始就演唱出她最出名的难度系数很大的瓦格纳作品，直到她 40 岁生日。她只是还没有准备好，但她一直练习和学习，直到她功成名就。

在前一章，我说过，精英们的表现总是高于平均水平。这是其他人考虑一个人是否是精英的先决条件之一，但是布鲁尔和像她这样的人做得更多。他们冒着风险，流露出自信，并强迫别人记住他们，认真对待他们。

例如，几年前，布鲁尔与一位朋友在剧院共进午餐后，接到经纪人打来的一个令人发疯的电话：女高音歌唱家黛比·沃伊特（Debbie Voigt）当晚在波士顿的演出，无法演唱出贝多芬难度系数很高的《庄严弥撒曲》（*Missa Solemnis*）。他们派了一架飞机来接布鲁尔前往演唱。

布鲁尔收拾了一个包，找到她需要演唱的音乐，开始在飞机上排练。当飞行员致电指挥塔进行指示时，布鲁尔发出了声音，并与指挥詹姆斯·莱汶（James Levine）交谈，询问他们是用"教堂拉丁"还是"德语拉丁"进行表演。五个小时后，当布鲁尔穿着长袍、化好妆，走上波士顿的舞台时，她听到了贝多芬的高难度音乐的旋律，这是一首以其对演奏者的无视而著称的曲子。那天晚上，布鲁尔为自己的发型感到遗憾，但当听到她那独特的声音弥漫整个音乐厅时，似乎没有人会注意到这一细节。那天晚上，其他人能替著名的黛比·沃伊特演唱么？也许有一些，但取消演出会是一个更可靠的赌注。

是什么让布鲁尔去拯救波士顿广播电视节目的？这就把我们带到了理解我们杰出的表演者的核心。除了体现我在第一章中所概述的特征外，布鲁尔还提供了其他一些代表卓越人格的特征。首先，她在自己的领域里培养了自己，所以很快就了解到了波士顿演出的细节。她知道这一部分，所以她只需要找出这个节目的具体细节。第二，因为她在一段时间内表现出了出色的表演成绩，所以她相信那天晚上她能做同样的事情。第三，一说到音乐，布鲁尔的思维就很敏捷。[11]

结论

我们用"思想领袖"或"专家"之类的词来描述一些精英。但大多数人并不认为自己是"某个专家"，而是"某类专家"。在网球术语中，他们在比赛中使对手"受迫性失误"，而自己没有"非受迫性失误"。

卓越的人通常遭受自我怀疑或自我审查，但这并不妨碍他们意识到，自己可以在别人无法做到的水平上发挥作用。他们往往坚持自己不切实际的标准，期待自己超人的自我表现。但是，这些期望的存在，常常有充分的理由：他们做自己擅长的事情，只在自己的专业领域里评估自己的表现。当作曲家弗雷德里克·肖邦被问及为什么只为钢琴作曲时，他回答说："这就是我擅长的，我为什么还要做其他的事情？"我注意到，沃尔特·艾萨克森写了我在本章中引用的三篇传记。从肖邦的评论中，艾萨克森将自己塑造成一位擅长传记的文学大师，这是他擅长的东西。

调速器是用来测量和调节机器速度的装置，如发动机。今天，宝马、奥迪、大众和奔驰将他们生产的汽车限制在 155 英里每小时。精英没有这样的管理者，他们不会随意为自己设定限制，也不会让别人在他们的心理上安装这样的设备。

尽管我列举的所有例子都来源于名人，但不要把蹩脚的和精湛的技艺混为一谈。有多少好莱坞精英，我们可以说由于一些不可解释的原因，获得最高的票房？我们曾一度让梅尔·吉布森（Mel Gibson）、鲍尔温（Baldwin）家族和查理·辛（Charlie Sheen）一起出现在精英名单上，但他们似乎都是自发地周期性地进行燃烧，退却。许多名人都将在艺术大师的测试中失败，我们已经观察到，如果多次婚姻和离婚给我们带来任何暗示的话，很少有名人能过上真正幸福的生活。

　　精英是与众不同的，但他们有很多我在这里引用的例子和名人模范的特征。当你知道要寻找什么时，你就可以装备自己，去建造属于你的、面对竞争对手势不可挡的银河星系。

第七章
识别：如何规避堕落精英与自恋者

当堕落的精英跌倒时，他们会带着这个团队一起暴
跌；而自恋者滥用管理者的信任并使一切工作陷入
混乱。

当卓越之士缺乏道德、同情心、自省和对他人的忠诚时，我们就会开始认为他们是悲惨的失败者，即那些已经陨落的精英。这些人倾向于超越目标，无论他们做什么，都已经是在第 N 次尝试了。当他们跌倒时，经常会带着这个组织，一起迅速而深刻地暴跌。他们经常以公司救星的身份进入这个组织，结果只是滥用同事和上司的信任，使工作场所陷入混乱。我们把他们当作"穿西装的蛇"。

这些人能进入一个组织，是因为一开始他们似乎能让梦想成真，直到他们把梦想变成噩梦。有时精神病理学解释了为什么表现最好的人会失败，以及为什么到头来我们会认为他们是蛇，但在其他时候，有缺陷的判断、缺乏足够的人际交往能力、怪癖和一个简单的糟糕工作，更清楚地阐明了有些精英的职业生涯终结的原因。领导者可以帮助一些陨落之星，而不是其他的星星，但也就只有当他们把坠落的卓越精英和"穿西装的蛇"分得开来时才行。

当心蛇穿西装

　　在火中平静，心理变态者在混乱的时候表现出色，他们接受变化本身和变化所带来的剧变。不幸的是，变化带来的混乱状态也会使心理变态的人格特质出现自信、力量和平静的外表，这看起来像是解决问题的答案。被快速、高风险、高利润的环境所吸引，这些蛇会迅速行动起来，他们往往忽略了那些阻碍他们想要达成目标的规则，而又顽强地坚持那些不信守的严格协议。简而言之，他们迷惑人，但同时获得了希望。

　　聪明的蛇拥有隐藏真实本性的能力，这让它们难以被识别。这类人潜入组织，很快就能在没有被发现的情况下潜伏，经常在混乱下伪装。我们欣赏他们的许多特点，以适度的态度接受。例如，他们拥有读明他人和快速评估情况的天赋，能够帮助他们在销售或谈判中胜出。

　　此外，他们经常表现出优秀的语言敏捷性。那些能够用花言巧语来说服别人的骗子们，他们提出了精心设计的方案和令人信服的论点论据。他们在追求目标的过程中保持警觉，时刻警惕可能阻碍他们成功的环境或敌人。这种自负和怀疑的倾向形成了自恋者的致命弱点，即阿基里斯的脚后跟[1]。正如我们从希腊神话中所记得的，占卜者告诉阿基里斯的母亲忒提斯，她的儿子将在战斗中死去。为了防止儿子的死亡，忒提斯抱着阿基里斯的脚踝将他浸泡在冥河斯堤克斯中，使他除了脚后跟之外全身刀枪不入。成年后，阿基里斯在许多伟大战役中幸存下来，直到有一天，敌人用毒箭射中了他的脚后跟，不久他就死了。

　　阿基里斯之争对于病态的艺术大师来说是显而易见的真相，有着重要的真理。通常，他们在一个领域的超常能力会使他们自己和其他人认为他们是无懈可击的。然而，他们孤立自我，在成功的时候冒着最大的风险。因为他们总是留心敌人，有时在经历极度压力时堕落为偏执狂，他们很难信任别人，这样最终也会让周围的人质疑他们的可信度。

　　因为他们已经掌握了"印象管理"，社会禁忌并不能约束他们，所以他们很容易地接触人，并随时准备投入到对话中去。他们流露出自信，这使得听者能接受信息及他们的表达方式。他们对他人心理的洞察力，以及令人信服的语言流畅性，使他们能够熟练地改变他们的个性，就像蛇蜕去它们的死皮一样[2]。

自恋，你经常会在有人格障碍的精英中发现的精神病理学现象，这描述了基于自我形象或过度自恋的特质。这个词来自希腊神话中的那喀索斯，一个以美丽和残忍著称的英雄，一个蔑视那些爱他的人。众神惩罚了他的过分行为，使他爱上自己的倒影。

在现代社会，自恋者认为自己与众不同，他们操纵、打破规则，行使权力，并以发脾气的方式控制他人。合理健康的自尊和自爱使人们能够平衡人与人之间的需求，它激励他们走向伟大，因为他们期待着自己的伟大。然而，在病态的极端情况下，自恋会使人们产生自负的权利感、对权力的专注、过分崇拜的需要和缺乏同情心。他们倾向于夸大和不信任，造成了他们的致命弱点，而且常常导致他们的死亡。

自恋者在混乱中疯长，所以他们倾向于创造自恋。考虑到自己的防弹性，他们不顾谨慎，只倾听他们所寻求的信息，他们因此就会失去在个人决策中看到因果关系的能力。当他们扮演冷静的外部批评家的角色时，他们往往会在这种能力上表现出色，而当决策涉及他们个人时，他们看不到自己的行为和结果之间的联系。对批评本身很敏感，自恋的领导者会回避情绪，与他人保持一定的距离，形成一种拒绝信任或相信他人的谨慎。他们不在乎别人怎么想，也不会容忍异议。

《精神障碍诊断和统计手册》将自恋归类为人格障碍，然而在 2013年，却取消了这一归类及其他几种形式的分析。对 DSM 委员会最尖锐的批评者之一是哈佛大学的精神病学家约翰·甘德森（John Gunderson）博士，他是人格障碍领域的老专家，也是当前手册中人格障碍委员会的领导人。

当他被问及对消除自恋型人格障碍的看法时，他说这表明了人格障碍委员会是多么不受启发。"他们对自己所能造成的损失几乎没有什么认识。"他说，在组织和计划治疗方面，诊断是很重要的 [3]。

然而，这一诊断与本次讨论没有特别的关系。一个自称"自恋者"的人仍然会破坏良好的秩序和纪律，读者应该意识到，即使诊断正确，病理性自恋也不会对治疗产生反应。

历史提供了许多社会和政治领袖的例子，他们造成了自己的衰落，因为他们允许自恋的个性或重要的感觉来影响他们的判断。克林顿的谎言、尼克松水门事件的掩盖，以及肯尼迪臭名昭著的猪湾事件，展示了一个领导者，有时是一个以其他方式令人印象深刻的领导人，可以造成他自己的永久或暂时崩溃。最近一些自恋者的例子，比如纽约的众议员安东尼·韦纳（Anthony Weiner），几乎每天都在《华尔街日报》的版面上优雅地出现。

通常，病理性自恋在职业生涯早期就已出现，但从我的经验来看，它经常会在后期才显现，有时发生在几十年来一直非常成功的人身上。自恋者聪明并精于算计，知道如何控制系统，所以当他们缺乏力量时，他们不会试图去锻炼它。相反，他们等待晋升或地位的改变，在关键时刻造成严重破坏。

在领导岗位上，这些恶毒的顶级表演者允许权力凌驾于他们的道德观念之上。他们中的许多人在面对过度诱惑和容易获得的权威时，体验到了"权力"削弱道德。他们当中的有些人认为获得奖励是正当的，他们认为，他们的奢侈行为只是对那些没有希望享受这种好处的人来说是过分的罢了。还有一些人信奉"贪婪是善"的自私咒语，不顾他人的任何代价的成功都是合理的。这个群体，这些"穿着西装的蛇"，表现出根植于撒谎、操纵、欺骗、自我中心和麻木不仁的病态。

为了避免这些破坏性的爬行动物伪装成杰出的人，你能做些什么呢？首先，要意识到他们的存在。这类人试图催促人际关系，因为他们能维持"行动"很久。信任的个人或职业专业关系需要时间来建立，而不是因为它不恰当的披露、谎言或操纵的基础。如果一个人看起来太好了，不可能是真实的，反而可能是这种情况。蛇不会形成关系，而是劫持人质。

第二，寻找无反应行为的模式。在冲突的结果中，蛇既无既得利益，也可以假装倾听并表现出同情心，但从长远来看，他们会选择自私的行为，忽视他人的感受。

最后，远离那些你怀疑是"穿着西装的蛇"的人。当我看到一只没有腿的爬行动物在我的花园小径上滑过时，我就不停下来做身份鉴定了，我很快就把自己转移到蛇不在的地方。这条建议也适用于两条腿的同类，你不能改造蛇，但你可以远离它，否则它会咬你。然而，在极少数情况下，你可能需要解决这个问题。

拔去蛇的毒牙

如前所述，当处理一条蛇时，你有两种选择：远离它或者被咬伤。我坚持这个建议。然而，在组织中，有时这些选项并不存在。蛇碰巧处在一个重要且不可或缺的位置上。有时你不想被蛇咬，但逃跑几乎也不现实。

自恋者，是我们在工作场所中最常遇到的蛇，他们既有吸引力又有缺点。当你越过他们的自然栖息地的门槛时，你就成了他们的牺牲品，还无法认出他们。除了你没有避开他们，你的第二个错误是你没有进行武装并处于无准备状态。如果你在一段关系的初期发现了对方具有蛇的特征，并据此相应地调整你的行为，你会更容易应付他。以下是我们要寻找的特征：

1. 缺乏同情心

自恋者根本没有同情心，也不在乎他们是如何影响到你的。因此，你只能了解，他们的行为可能会影响他们的具体后果。

几年前，我父亲为一个自恋的企业老板山姆工作。山姆脾气相当暴躁，倾向于对在他视线范围内的任何人发泄他的怒气。他尖叫或咒骂，我父亲觉得这是不专业的，有损人格的。他试图向山姆解释这件事，但无济于事。父亲终于辞职了。作为首席财务官，父亲第一年就在降低成本和增加收入方面为公司创收了百万美元，山姆不可能让这位杰出的艺术大师离开。

山姆恳求他回来，但父亲说他需要一万美元的加薪，山姆同意了。事情就这样平静下来，日子也开始恢复像从前一样，直到山姆再次发脾气，父亲又辞职了，山姆用同样的招数重新雇用了他——涨薪。这样来回经过了五次，山姆最后对结果终于有了深刻的见解，他学会了控制自己的脾气，至少在我父亲面前学会了控制自己的脾气。

2. 贬损行为

自恋者从不犹豫去贬低别人，因为他们缺乏对别人感受的基本理解。山姆尝试过这个策略，但没有成功，因为我父亲在这段关系中有权力。在任何一种情况下，你都可以通过举起一面镜子来拒绝接受贬低的反馈。

当我收到我以前自恋的老板的这种反馈时，我只是简单地说："汤姆，你刚刚指责我在思考上偷懒。我没有偷懒，所以让我们寻找另一种解释的形式。我没有按照你想要的方式写报告，原因有两个：一、我不知道你的期望；二、我对这类报告写作没有经验。"然后我提出了防止这种情况再次发生的方法。汤姆让步了，因为欺凌弱小者往往会让步。记住：发生对他们的核心不安全的情况，自恋者必须推倒别人来建立自己。在他们的头脑中，你的天赋、贡献和本质始终不能与他们相比，所以他们会密切关注你对他们说的或帮助的任何负面的东西，他们只是为了让自己的感觉更好。

3. 自我中心

"互相谦让"并不存在于自恋者身上。他们不想听到你的成功，看到你宝宝的照片，或者谈论你的假期。然而，他们喜欢提供建议和意见。你不能依靠他们来获得支持和鼓励，但是自恋者会很容易地分享让他们看起来聪明和富有洞察力的想法。

4. 优势

使用客观标准，在组织中你会经常发现自恋者是最聪明、最有才华的人。否则，为什么人们会容忍他这么久？通常，在特定的领域，这些人提供了其他人所不能提供的东西。然而，他们并不是没有把自己的优势局限在需要他们表现最好的狭小领域。他们希望在他们进入的每一个星系中发光。此外，他们往往夸大自己的成就，并将别人的成就最小化。你可以控制自恋者的反应，只要你不挑战他们的头号位置，让他们自认为是这个房间里最聪明的人。

5. 刚性

"自我陶醉"的表达是因为自恋。一旦他们下定决心，就不要试图改变他们。然而，在僵局出现之前，你可以先到达那里。

自恋者并不开明，但他们喜欢认为自己是这样的。通常，如果你用一个明确的、透明的请求来接近他们，你可以在他们把它压扁之前，就把一个想法放在桌子上："简，你能给我五分钟的时间来说服你吗？"如果你让她认为，她在做正确的事情，之后再来听你的话，你会提高她的接受能力。你应该对自恋者说的最后一句话是"我不同意"而不是"你错了"。

6. 缺乏自省

通常情况下，自恋者不会承认错误，而且从不怀疑自己。他们很少感到懊悔，所以他们不会表达出懊悔。你永远不会听到"对不起"或"我错了"这些词。如果你期望得到道歉或使他们承认有罪，那么你会失望的。而且，你还必须坚守着，不要成为他们的替罪羊目标。

7. 不遵从行为

自恋者相信规则要从两个方面考虑：规则对其他人来说很重要，但它们不适用于我。权宜和自我放纵，自恋者觉得没有义务遵守与软弱的人有关的标准和协议。他们觉得自己有权享受特殊待遇，不受程序和行为规范的困扰。因此，向他们解释这些规则是行不通的，但可以清楚地描述其后果："卡尔，行业规则明确指出了这一点。如果你违反了这一点，我就无法保护你。"

8. 怀疑

马克·吐温曾经说过，一个人从不会躲在门后看，除非他藏在自己的后面。自恋者有很多东西要隐藏。怀疑和不信任，他们质疑别人接受的东西的价值。他们急切地说谎、欺骗和偷窃，所以他们认为别人也会这样做，他们也不想成为一个不道德的人的牺牲品。所以，在他们问问题之前给他们答案。他们不一定会对你的透明度做出积极的反应，但至少你会避免另一次"第三度"质疑的挫败感。

9. 不切实际的要求

你不要尝试让"穿西装的蛇"高兴，他会让你很沮丧，你也会惹恼他。此外，不要试图去理解他。试着理解他们的行为有点像要"去闻出九种颜色"。这是办不到的。

当我们为自恋者工作时，我们经常会发出"如果我能做的话，他会很高兴"的咒语，这种错误的想法不会给你带来任何好处，无论你跳得多高，他们都能把门槛设得更高。自恋者通过自己的天性来操控他人，能准确地阅读人和情景，他们知道如何控制和利用你的愿望来实现目标，建立人际关系，并取得成功，他们还会利用所有的知识来对抗你。

与其跳得更高，不如沟通现实："乔，我也想达到这个目标，但事实却告诉我们一个不同的故事。在六个月的时间里，我们的销售额从未增长过这么多。我能做的是什么？"自恋者觉得自己拥有最好的一切。如果你能说服他们相信你虽然不是完美的，但你是最实用的，你就可以采取措施来解决问题。

我们不愿意为自恋者提供这么坦率的谈话，因为谈话很快就会进入一个令人不快的方向。虽然我们心怀期待，但坏消息不会随着时间的流逝而转好。当你最终不得不告诉自恋者这个坏消息时，他会对两件事感到愤怒：坏消息本身和不愉快的交谈。最好是早些时候将消息告诉他们，能接受较小的打击。

10. 需要被喜欢

尽管看起来很反直觉，但大多数自恋者都想被人喜欢，尤其是那些对他们有价值的人。这可能是你，也可能不是你。一般来说，他们把世界分成两组：一组是"支持我"的，另一组是"反对我"的。他们妖魔化了那些反对他们的人，如果他们认为你是"支持我的"，你会更进一步，赞美他们，并唤起他们的优越感。警告：你会憎恨这一点，它会让你的行为变得更无效率。但这并不重要，启用或禁用，自恋者的行为不会改变。

当你回顾这个"症状"列表时，意识到自恋症并不是一个"是"的情况。相反，自恋存在于一个连续体中。

在压力或面临最后期限的情况下，一个强硬的能干的人会显得不那么有同情心、要求苛刻和死板。但在一般情况下，这样的人会以他的热情和反应给你留下深刻的印象。因此，他不是我们所认为的"穿西装的蛇"。当自恋者行为在大多数情况下都存在时，病理就存在了。一般来说，一个真正的自恋者通常会显示 10 种上述行为中的 8 种。你可以假设，一个人在一段时间内表现出上述的一些东西，可能只是过度使用了一种力量，以至于它成为一个弱点，这是我在那些表现很好的人身上发现的改善机会。

例如，杰克是一个以任务为导向、专注成功、以成就为驱动的卓越员工。作为公司最大的风云人物，杰克的工作总是超出预期，但他也惹恼了其他人。他打断别人的发言，并忽视了与自己不相符的意见。公平地说，杰克的想法通常比其他人的要好，他就是那么聪明。然而，对他的同龄人来说，杰克似乎是自恋、死板、傲慢和有资格的，但我认为他并不是病态的自恋。

为什么？他寻求批准的倾向使他想要改变。自恋者希望得到认可，但真正的自恋者希望你改变，并学会像他们一样喜欢他们自己。

当我向杰克提出不可辩驳的数据时，其他人没有对他的观点做出积极的回应，因为他没有说出别人的意见，而是表达了他愿意学习新技能的意愿。两年后，他的同行们反映说杰克有了深入的改善。虽然我仍然认为杰克说得太多了，但他不至于是一个陨落之星，更不用说"穿西装的蛇"了。没有人指责杰克的行为是有辱人格的，尽管他并不认为自己是错的，但他确实承认了自己的错误，并在适当的时候道了歉。

为了驱除蛇，你必须把你的手放在他的嘴里，让自己有被咬的危险。这就是为什么我附和我最初建议的原因。如果有选择，就从蛇的身边跑开。你不能改变他们，他们也不会改变自己。但是在你有机会跑之前，你可以提高你的识别能力。

蛇标指南

我们想，如果我们遇到了一个没有良心的人，我们会迅速而准确地估量形势。如果我们遇到的是与《沉默的羔羊》（*Silence of the Lambs*）中邪恶的精神病学家汉尼拔·莱克特（Hannibal Lecter）相当的自恋者，我们相信，就像电影中FBI探员克拉瑞斯·斯塔林一样，我们不仅会准确地评估他，我们也会知道该怎么做才能制服他。但我们想错了。组织里的蛇看起来并不可怕，他们看起来英俊潇洒，一身名牌，不会穿着具有识别标志的服装或T恤，让你知道远离。他们其实并不令人毛骨悚然，反而很温和，而且很有威力。这些特征使得蛇很难被识别出来，但并非不可能。你只需要知道寻找什么，如何分辨蛇和坠落的星星。

1. 错误判断

鲁莽和对其带来的满足感的强烈渴望，导致许多领导人达成了一个浮士德式的协议，使他们走向了一个恶魔般的方向。鲁莽是病理性自恋者的一种可识别的行为，它解释了领导者如何和为什么会在判断中被严重的失误所迷惑。把权力加在一起，就会让一个曾经备受尊敬的卓越精英最终跌入低谷。

自恋的判断导致了吉米·贝克（Jimmy Baker）和杰瑞·法威尔（Jerry Falwell）等宗教领袖的毁灭，以及世界通讯公司（WorldCom）伯纳德·埃伯斯（Bernard Ebbers）和安然（Enron）的肯尼思·莱（Kenneth Lay）等公司巨头的破产。就像神话中的伊卡洛斯一样，他不顾父亲的忠告，过于接近太阳，这些曾经受人尊敬的领导人提供了狂妄自大的野心导致的悲剧性的失败案例。但是你如何在不熔化你翅膀上的蜡的情况下，超越竞争对手呢？聪明的冒险者通过计算风险和预测未来，来定义公平的竞争环境。他们会去寻求别人的建议，接受其他人的观点，并从别人的错误中吸取教训。

2011 年，纽约国会议员安东尼·韦纳表示，他宁愿不让联邦调查局或美国国会警察介入调查，原因是他在推特上发布了一张关于一名男子的腹股沟的猥亵照片，且被传给了他的 4.5 万名粉丝。当被问及照片是不是他时，韦纳回应说："我有照片。但我不知道在我的世界里有什么照片。"这样的反应难道不能让你翻白眼吗？真的吗？你不知道自己手机相册里有自己的照片，以及它们是否让你的手机后台访问？到了 2013 年，另一个丑闻浮出水面，韦纳辞职了，他不得不将自己和妻子拖出泥潭。

在 2011 年韦纳事件发生的两周前，我们得知了阿诺德·施瓦辛格（Arnold Schwarzenegger）的私生子，一周后，法国总统候选人多米尼克·施特劳斯 - 卡恩（Dominique Strauss-Kahn）涉嫌强奸一名酒店女佣的消息占据了媒体的头条。不久，圣地亚哥市长鲍勃·菲尔讷（Bob

Filner）因涉嫌 17 次不恰当的性接触而辞职（但他确实把自己关在康复中心，做了整整两个星期的检查，这是一个典型的蛇的行为——假装悔恨和改革）。

然而，你不应该认为所有判断有缺陷的人都意味着他是一条"穿西装的蛇"。例如，2008 年 9 月 16 日，当戴维·彼得雷乌斯（David Petraeus）将军正式交出在伊拉克的指挥权时，国防部长盖茨说彼得雷乌斯"发挥了历史性作用"，并创造了"在非常困难的情况下将一个伟大的战略转化为巨大的成功"。盖茨还对彼得雷乌斯说，他相信"历史会把你当作我们国家最伟大的战斗队长之一"，并授予彼得雷乌斯国防杰出服务勋章。两年后，在斯坦利·麦克里斯托（Stanley McChrystal）接受《滚石》杂志采访时做出不适当的评论之后，奥巴马总统宣布，彼得雷乌斯将接替麦克里斯托将军，担任驻阿富汗美军指挥官。

7 月 18 日，彼得雷乌斯放弃了美国和北约驻阿富汗部队的指挥权，他因他的服务获得了国防杰出服务奖章和北约杰出服务奖章。从所有的客观条件来说，彼得雷乌斯应该算是历史档案中 20 世纪和 21 世纪最勇敢、最强有力的领导人之一。这一切都改变了。

2011 年，通过奥巴马总统提名和参议院确认，彼得雷乌斯被任命为中央情报局的新局长。当他和宝拉·布罗德维尔（Paula Broadwell）的私情被发现时，他也成了一颗"陨落之星"。

为什么那些掌权的人——我们选举上台或被称赞为伟大的人，表现会不好呢？在彼得雷乌斯和麦克里斯托将军的案例中，我看不出有自恋模式的证据，但显然我们可以认为他们在判断上出现了失误，尽管每个将军在做出决定之前都有一个值得赞扬的记录。不幸的是，我们常常记得人们在判断上的失误，而不是他们之前的模范记录。

有时你会被一个卓越的人的坏决定所震惊，因为它将作为一个离群点，就像将军们所做的那样。在其他时候，你会想，有些人怎么会对错误决策视而不见？你会问自己："在政治、商业、体育和娱乐方面，那些缺乏判断力和成就的人，怎么能达到如此高的水平呢？"以下是我的观察结果：

· 通常有权势的人会获得优势，因为他们会在别人不愿意的时候冒险，这些人可能会变得非常鲁莽。当他们站在自己最伟大的成就的边缘时，他们会从自己所面临的不确定的结果中感受到肾上腺素的刺激，并奋勇向前。他们虽然冒着更大的风险，但他们也会以不同的方式评估风险——尽量减少危险的同时，享受着冒险的刺激。有时，他们的大胆会为突破性的解决方案或尖端的产品节省时间，这进一步加强了他们的冒险倾向。

· 偏离传统的方法常常解释了成功。当证据表明一个人有能力另辟捷径时，他就会产生一种自恋的态度："规则不适用于我。"

· 杰出的人往往具有说服力和竞争能力。一旦他们确定了一个目标，他们就克服了实现目标的障碍，即使这意味着长时间的艰苦工作——招揽投资者，蛊惑员工，迷惑媒体。当他们追求的目标涉及职业判断和个人行为的失误时，这些能力和同样的专注、决心就会对他们不利。

· 权力吸引着怂恿者和谄媚者，即他们从想要了解权力的这些人中区分出来的人，但他们不会受反对者、诋毁者或矛盾的信息的影响。事实上，通常情况下，推动者会接管并保护当权者不受批评和不信教者的影响。在我与首席执行官的合作中，我经常提醒他们不要相信他们听到的一切，也不要以为他们的笑话就像房间里的笑声所暗示的那样有趣。

· 任何领域的霸权都会带来机遇。泰格·伍兹、肯尼迪、埃尔维斯·普雷斯利和约翰·爱德华兹（John Edwards）都有机会获得性关系，仅仅是因为他们的名气。这些人在其他方面也有更多鲁莽行为的机会，当他们没有自我控制来抵消机会时，他们发现自己陷入了困境。

· 随着自我吸收和自我价值的增强，同理心就会减弱。对行为后果的预期被暂时的享乐主义所取代。在这类人的内心深处，从来没有人关心一个行为会如何影响到无辜者——除非他站在一个哭喊着请求原谅的国家

140

面前。

通常，当竞争对手或干扰者无法控制时，公众人物往往会自我毁灭。我常常怀疑这些曾经的伟人，是否会在潜意识里通过一个内部竞争来击败胜利者。低自尊是许多轻率的根源，事实上，低自尊可能解释了为什么大多数人没有获得成功——他们既害怕失败又害怕成功。

在最初的安东尼·韦纳的故事之后，当地的福克斯电视台邀请我加入，讨论为什么掌权的人表现不佳。他们播放了约翰·爱德华兹、前国会议员韦纳和阿诺德·施瓦辛格的照片。最初的问题是类似于"他们正在思考什么"的问题，但最终演变成"女性在权力的表现上是如何糟糕的"。如果你想回忆起涉及一个有权势的女人的性丑闻，你可能已经放弃了，它们并没有发生。

正如我在采访中所说的，掌权的女性在其他方面表现糟糕。萨拉·佩林（Sarah Palin）在接受凯蒂·柯丽克（Katie Couric）采访时感到局促不安。佩林女士还没有准备好，所以她对"你读了什么"这个问题的反应是防御性的。后来，她未能履行阿拉斯加州长的职责，并在任期届满之前辞职。

美国中央情报局的文件显示，该机构成员在几年内总共向议员们提供了 40 份有关水刑问题的简报。众议院议长南希·佩洛西（Nancy Pelosi）的名字曾出现在 2002 年 9 月 4 日的一次会议上，但她直截了当地指责中情局误导她。要么她忘了，要么她撒谎，这两种方法都不会经得住考验。

利昂娜·赫尔姆斯利（Leona Helmsley）是纽约市一家酒店的亿万富翁，也是房地产投资者，她以专横的行为著称，这为她赢得了"吝啬女王"的绰号。在 1989 年，她被判犯有逃税和其他罪行。玛莎·斯图沃特（Martha Stewart）因内幕交易而入狱，而希拉里·克林顿作为第一夫人尝试医疗改革时，引起了许多人的不满。

以上发生过的都是枯燥无味的。没有裸照，没有私情，没有任何能吸引我们眼球的东西。然而，这些教训仍是普遍存在的。在这些案例中，无论是男性还是女性，被讨论的人都决定了自己的命运。无论你在政治还是组织领域工作，规则面前人人平等。你不能违反法律，不能显得无知、不履行义务、超越界限或违法。如果你这样做了，公众舆论会判你有罪。

另一方面，我们意识到很少有圣人在我们其中。萨拉·佩林偶尔也会成为新闻人物；南希·佩洛西在民主党中一直掌权到70多岁；希拉里·克林顿曾担备受尊重的职位，包括国务卿的角色；家政女王玛莎·斯图沃特继续让我们看起来都不会烹饪。

在一个永无止境的尝试中，思想领袖不断地挑战传统的方法和传统的智慧。他们试验、辩论、寻求新的解决方案，并开拓创新。然而，即使在推动变革的同时，他们也不会忽视原则和习俗的价值，因为他们意识到获胜需要在冒险与安全之间取得平衡。

2. 不发达的人际交往能力

比精神病理学或有缺陷的判断更普遍的是，沟通能力差往往解释了为什么一个特殊的人没有进步。这一切都始于同理心，或者说是缺乏同理心。缺乏同理心是自恋的另一个特征，解释了为什么许多高管会失败。病理性自恋者缺乏同理心，从定义上讲，反社会者和精神病患者也是如此。但并不是所有那些没有同理心的人都有人格障碍，有些人仅仅是缺乏洞察力，有些人只是根本不在乎。

同理心建立在自我意识之上，因为对自己的情感敞开得越多的人，在阅读别人的情感时就越熟练。然而，当人们对自己的情感感到困惑时，其他人的情绪也会使他们感到困惑。在交流过程中，他们难以捕捉微妙的变化，这种微妙的变化是在交流中编织的音符与和弦，而且往往与实际的语言本身相比，更能传达出更多的信息。

在我与高管们的工作中，我发现人们经常表现出两种同理心。第一种，我称之为"事不关己高高挂起"的同理心，这是当一个人在结果中没有既得利益时就会发生的。这种情感反应不需要真正的理解或同情，但它会使人们对某人的坏消息表达适当的反应，比如在葬礼上尽职尽责地出现，送花来表示哀悼，并通常表现出与社会场合相匹配的敏锐性。那些只拥有这种同理心的人，在任何情况下都不会缺乏敏感度，只是那些与他们相抵触的人会反驳他们。

第二种同理心，我称之为"投资型同理心"，使人与人紧密地联系在一起。那些感到这种同理心的人会真的为别人的不幸感到担忧，珍惜亲密的情感纽带，并赞美别人的成功。从商业角度来看，展示这种同理心的人往往能够设身处地为他人着想，即使是在发生冲突时，也可以想象对方在任何互动中可能会有什么感觉。

缺乏同理心，可能是在高管层（除了有限的认知能力之外）中最猖獗的行为者，并表现出各种破坏性的方式。通常，它表现出一种完全无法倾听的方式，更不用说考虑别人了，这是另一种观点。在其他时候，没有同理心的人似乎只是情绪上显得冷漠。他们不允许感情介入他们的决策，也不喜欢其他客观关系来介入。他们通常对周围的人没有反应，对别人的问题毫无同理心，尤其是当这些问题对领导者的目标或名声造成威胁时。那些不能或不愿表达同理心的高管经常会把他们的关系置于危险之中，这让他们周围的人质疑他们是否想要维持一种联系。

成功的领导者，是那些始终与顶尖精英建立信任的商业关系的人——花时间去理解问题，理解他们的员工和潜在的情感。他们投入时间去探索理解，然后耐心地通过解决方案来帮助决策的完善。那些因太忙而不去做这些事情的高管们，往往会发现自己扮演的角色是"精英排斥者"，而不是"精英磁铁"。

缺乏自我意识

通常，人际交往能力不强的人往往缺乏内在的个人能力：他们根本不了解自己。当然，自我意识差的证据是通过互动表现出来的，所以当人们交流、沟通失败时，或者无法成功地回应他人的情绪时，他们就会意识到自己的不足。同理心建立在自我意识的基础上，我们越是敞开心扉，意识到自己的情感，就越能读懂别人的感受。

我们经常把这种情况描述为缺乏同理心，但往往更多的东西在起作用。有时，述情障碍解释了情绪上的扁平化。哈佛大学精神病学家皮特·西弗尼奥斯（Peter Sifneos）博士，在1972年首次发现并命名了这种人格结构，他从希腊语中创造了这个词，意思是"缺少"（lexi）和"情感"（thymia）。这些人根本没有表达情感的语言，因为他们不理解情感。述情障碍的核心特征是情绪意识、社会依恋和人际关系的功能障碍。[4]

卓越的精英们经常表现出高级的冷静思维，这是区分他们决策能力的一个特征，并使他们能够理性地看待信息，观察模式，并深入到不熟悉的、复杂问题的核心。然而，过度使用，这种冷静可能会被证明是无效的。他们忽视了情感反应或认为无关紧要的看法。

当我指导精英时，我经常会遇到这种现象。当然，绝大多数这些杰出的人，并不会比他们做其他事更表现出一种病态的述情障碍，它只是在某种程度上干扰了一些人的进步。自我意识在我们身上就像血压一样的存在，我们都有血压——有时在正常范围内，有时在过高或过低范围（与血压不同的是，我从来没有遇到过一个人有太多的自我意识，太过专注于自己）。

当商业领袖遇到一个表现不佳的杰出者时，他们会变得特别沮丧。以我在第一章中介绍的高管唐为例。一个大公司叫我来指导唐，因为他表现出了巨大的潜力，一些决策者认为他可以代表公司未来的领导层。这位才华横溢、积极上进的天才，很显然是在接班人计划中确立了自己的地位，只是有一些美中不足。那些希望唐有一天能领导这家公司的领导人也告诉我，如果我不能"修好"唐，他们就会解雇他。

唐在中国长大，来到美国读研究生。在来美国之前，他不太懂英语，但很快就学会了。他还学习了自己从事第一份工作的行业相关知识，以及迅速晋升到高管职位所需的技能。

唐从根本上缺乏自我意识——了解自己的情感。他可以说出一件事是"好"还是"坏"，但他在语言上缺乏细微的差别，从而不能说得更深入。也许语言和文化的差异可以解释很多，但不能解释所有的问题。

在唐完成了认知和人格评估之后，我得到了所有我需要的证据，这些证据被决策者称为"正确"。正如我前面提到的，在我和唐的第一次谈话中，我问他："你想经营这家公司还是想被解雇？"因为这两种情况都可能发生。唐似乎并不特别惊讶，但是，作为一个非常聪明的人，他可能冷静地研究了所有可能的结果。他向我保证，他会按照我的建议去做，因为他想经营公司，而且是越早越好。

唐的故事是我一生中遇到的最成功的故事之一。他的老板们反馈说，这是他们所见过的行为转变最快的一次。不到半年，唐获得了两次晋升，并把目光投向了执行主席这一职位。

在我们共同的工作中，唐必须做两件事。首先，他需要意识到自己的积极和消极的情绪。然后，他想象着在一个交易所里，其他人的感受会是怎样的。此外，他还需要了解自己的行为是如何影响他人的反应的，以便他可以适调和监控他的信息发送。同样，他必须更仔细地倾听他收到的信息。简而言之，唐只有在努力发现自己的感受之后，才能改善他的人际交往模式，这不是一件容易的事，一个人在没有教练或治疗师的情况下很难做到。但有一件事对他有利：他真的想要成功，而且毫无畏惧。

成功与失败的恐惧：流星脱轨

有时候精英会失败，是因为他们一直都是"穿着西装的蛇"。在其他时候，卓越员工会因为其他原因而坠落。有时他们因为害怕成功而跌倒，有时是因为害怕失败而跌倒。如果硬币的两面都是一样的，会发现他们的根源是低自尊，而不是蛇型身份。

虽然这看起来似乎有悖常理，但许多其他方面很优秀的人都怀有不安全感。当他们在自己生活的某个领域中表现出色，并且享受来自这些成就的自信时，一般的自我尊重和自尊可能会减弱。我的研究表明，自我怀疑的引擎驱动行为，导致卓越员工遇到问题。通常，其他人不理解行为背后的情感，因为所有客观的指标都表明，卓越员工应该感到自信和安全，但可观察到的证据却与这个结论相矛盾。当我指导卓越的员工们时，指出这些情绪可能是他们问题的根源。我寻找问题的根本原因，然后给他们反馈，告诉他们情绪在日常运作中和领导的表现有关。例如，往往过于谨慎、缺乏安全感的精英，从不让自己面临失败的风险。

赢得长期胜利的人会拥抱成功，但他们也不会害怕失败。以哈利·斯坦森（Harry Statham）为例，在 2010 年，哈利·斯坦森，作为美国大学校际体育篮球名人堂（National Association of Intercollegiate Athletics Basketball Hall of Fame）的成员，他在麦肯德里大学度过了 44 个赛季后，第 1000 次夺冠。当时，他是美国四年制大学里，任何一位篮球教练都无法匹敌的。

哈利·斯坦森和他的球员知道犯规的价值。好的球员，那些最佳得分的球员，在每一场比赛中也都犯规了。最好的球员不会犯规，也不会让他们的队友手足无措，但他们知道如何在成功与失败之间保持平衡。

我的许多商业客户无法获得这种平衡。他们非常害怕失败，以至于他们不会冒险一试。他们待在舒适、安全的区域，不摇桨过河，不会犯规，也不会提高得分。同样，他们不会去尝试新事物，比如更多的教育或扩大的知识基础。当然，他们想要加薪和额外津贴，但他们不会冒任何风险去争取。

对失败的恐惧可能解释了为什么大多数人一直无法发挥他们的潜力。当他们被非理性思维束缚时，如果他们做了一个错误的决定或尝试未知的事物，他们就不会成功，他们不会冒险进入未知的海洋。警察绝对有可能会因为一个错误而被杀，但我可以明确地说，我的客户的错误不会造成生死攸关的后果。

我不是在说鲁莽。我建议你把自己推向不舒服的程度，然后再采取两个步骤。我的口头禅是："如果你不犯规，你就不够努力。"当前的经济状况虽然使我们更加担心，但我建议，如果我们不愿意把失败的恐惧放在一边，偶尔也会有一次犯规，我们就永远不会记得哈利·斯坦森和他的同胞们的独特之处。这一切都归功于良好的判断力和适当的冒险行为。如果把这些弄错了，你替补席上的卓越员工的数量就不重要了。优秀的精英将会离开，或在下一场大型比赛中缺席。

挑战现状，但不要为了做一些不同的事情或渴望刺激而去破坏现状。每一个篮球运动员都该意识到，如果你从不犯规，你就不够努力，然而，五次犯规就会让你坐在休息区的板凳上。你的组织理应胜过一个犯规或不能履行的领导者。

蛇或是坏对手

有时，在一个任务或公司中表现出色的精英，根本不符合不同环境或任务的变化条件。卡莉·菲奥莉娜（Carly Fiorina）提供了一个很好的例子。菲奥莉娜作为一位出色的表演者，她于 1980 年加入了 AT&T 公司（美国电话电报公司），成为一名管理培训生，很快就在 AT&T 和朗讯（美国朗讯科技公司，原 AT&T 实验室）中晋升，最终成为惠普的首席执行官。

1998 年，她被《财富》杂志评为"商界最具影响力的女性"，并在任职期间一直作为该杂志的封面人物。1999 年 7 月，惠普任命菲奥莉娜为首席执行官，使她成为第一个领导《财富》20 强公司的女性。2004 年，《时代》杂志把她列入了"时代百人榜"，这是世界上最具影响力的 100 位年度人物的榜单。在 2004 年福布斯的世界百位最具权势女性榜上排名第 10 位。一年后，就在她掌舵惠普 6 年后，其董事会迫使菲奥莉娜辞去首席执行官和董事长的职务，此前她与董事会就如何执行惠普的战略存在分歧。

是什么导致了她的下位？也许，在任职惠普 CEO 的职位之前，她的能力解释了她的成功，但事实证明，她的能力根本无法满足惠普对她的要求。也许其他因素也导致了她不是一个最佳人选。

该公司在 2002 年春季收购康柏公司时存在争议性交易。在休利特家族中的一个继承人领导下的一次激烈的代理权斗争之后，没有实现菲奥莉娜所承诺的股东回报或利润。她要么没有预料到她收购康柏的决定所带来的影响和障碍，要么就是她根本就不在乎那些可能在她的判断中出现的错误或对她的计划产生抵触的反馈。如果她探索了多个视角，尤其是休利特家族的观点，她也许已经能够识别出可能的后果，并避免惠普股票的暂时暴跌、大量的失业，以及她自己的垮台。这位一度备受推崇的卓越精英未能达到她的新工作要求，这让惠普和菲奥莉娜都付出了代价。[5]

约翰·斯卡利（John Sculley）提供了另一个例子，他是一位高收入的高管，有着令人印象深刻的业绩记录，但最终因为一场糟糕的比赛而失败。1970 年至 1983 年间，他担任百事可乐副总裁，并继任总裁。1977 年，他被任命为百事公司有史以来最年轻的总裁。他可能会因为"百事可乐挑战"而被人们记住。"百事可乐挑战"是一个广告宣传活动，利用大量广告宣传的盲品测试来与可口可乐竞争，以获得市场份额。斯卡利声称，结果证明百事可乐尝起来比可口可乐好，因为参与者总是选择百事可乐的软饮料作为首选产品。当然，批评人士批评了这些测试，但这并没有削弱斯卡利本人的营销天赋，也没有影响到百事从可口可乐公司获得市场份额的事实。

1983 年，史蒂夫·乔布斯用他那传奇般的演讲吸引斯卡利离开了百事可乐："你想在余生里卖糖水吗？还是愿意和我一起改变世界呢？"这一时机似乎很完美，因为当时的苹果公司总裁迈克·马克库拉（Mike Markkula）希望退休，但他担心乔布斯缺乏管理公司所需的纪律和气质。斯卡利有着传统的商业智慧、良好的业绩记录、近期的成功和稳定，这些都是乔布斯所缺乏的领导特征。

它奏效了。在斯卡利的管理下，苹果的销售额从 8 亿美元增加到 80 亿美元。他被誉为是帮助该行业将个人电脑扩展到超越办公桌面之外的地方，进入美国家庭的人物。麻省理工学院媒体实验室主任尼古拉斯·内格罗蓬特（Nicholas Negroponte）说："他对这一领域的贡献是重大的"，"他几乎可以凭一己之力让美国重返消费电子产品的领域"[6]。

然而，这场比赛并不是以一种神圣的方式继续下去的。1993 年，由于利润率下降、销售额下降和股价下跌，苹果公司迫使斯卡利辞职，但这些问题早在此之前就已经开始了。虽然他们最初的关系是温和而友好的，但最终还是在乔布斯和斯卡利之间展开了一场权力的斗争。斯卡利试图"牵制"乔布斯，并限制了他对未经测试的产品进行昂贵的尝试，但这却行不通。乔布斯没有听从斯卡利的指导，而是试图将他赶下苹果公司的领导层。斯卡利发现，乔布斯一直在试图组织一场政变，并召开了一次董事会会议，会上苹果董事会站在了斯卡利的立场上，免除乔布斯的管理职责。董事们最终决定，斯卡利无法管理苹果的产品线，也迫使他退出。当然，乔布斯最终回到了苹果公司，并在早逝之前带领公司走向辉煌。

这个故事，也许比其他任何一个都更能凸显"匹配"在精英的成功中扮演的重要角色。斯卡利在百事公司取得了巨大的成功，乔布斯在斯卡利之前和之后都取得了成功。但这两个人并没有很好地融合在一起。他们没有弄清楚各自的角色和责任，并不断地互掐。在后来的采访中，斯卡利还在大声质疑董事会任命乔布斯为首席执行官。我们永远都不会知道，如果斯卡利在他任职期间要求乔布斯回来，会发生什么。我们知道，这两个特殊的人不能在同一时间占据同一个空间，否则所有参与的人都将因此而受苦。我可能是在放马后炮，我们可以认为这是一个不匹配的情况，但在局势的剧痛中，你怎么知道你是在放蛇还是试图拯救陨落之星？你应该做些什么来改善这种情况呢？

教练能帮上忙吗

如果你怀疑组织中某个人有病态的自恋，绝对不要给这个人提供指导，因为这将会造成两件事发生。首先，教练没有拯救过患有人格障碍的人，也永远不会去拯救。其次，从本质上讲，自恋者天生就擅长于自私的行为。虽然他们不欢迎教练或指导，但那些聪明的，我们一开始会认为是卓越精英的，首先会意识到，教练的提议也可能传达出继续就业或进步的条件。换句话说，他们可能不想要教练，但他们会假装接受，以管理自己的观念。而且，他们可以学习到足够的知识来掩盖有问题的行为，而不是去试图根除它。这种令人烦恼的行为似乎消失了，只是后来不经意时就会回来。

从心理病理学的角度来看，你会想要考虑这个人是否有足够的价值，来保证你的时间投入，也许还需要准备聘请一个外部教练所花费的资金。在接受客户的指导任务之前，我鼓励我的客户先在网络上进行最新的自我评分评估。

以下是对教练和指导反应良好的行为：

·教练技巧。通常，卓越精英学习技能的速度如此之快，以至于他们并不能真正理解，他们是如何获得这些技能的。同样，他们不知道如何教别人去做他们所做的事情。因此，杰出者经常需要指点，如何在内部指导他们的直接下属和指挥链中的其他人。一旦他们了解了他们参与的具体好处，他们通常会接受做教练的工作，并擅长于此。

·委任技巧。传授委任技巧可以带来更多挑战。通常，表现最好的人都想自己做这项工作，这就是为什么他们从一开始就追求特定的工作或专业。要求他们指导其他人完成这项工作，然后进一步建议他们交出对结果的控制权，这可能会激怒这些最佳表演者。他们会担心失去控制权，他们会为失去他们所爱的工作而哀悼。如果杰出的表演者不能对委派指令做出回应，那么就要仔细地重新评估这个人是否会被排除在领导之外。也许他应该继续保持做一个很有贡献的独奏表演者。

·沟通技巧。大多数卓越精英擅长于消息发送。然而，他们可能需要抱着同情心和耐心去尝试倾听他人。他们的倾向是加入并解决问题，但他们应该毫无怨言地允许同事和直接下属，在他们自己的时间内，得出他们自己的结论。

·给予反馈。虽然他们经常擅长于信息发送，但即使是表达清晰、语言敏捷的精英，也会在为如何、何时向他们的直接报告提供发展反馈的问题上苦苦挣扎。许多杰出的人都是成长在一个充满奉承和赞美的令人愉快的环境中。他们只是缺乏将负面反馈转化为建设性交流的技能，而这种交流有利于倾听者，并且会让领导人认为他们是有用的和有效率的。

·人际交往技巧。我所指导的许多优秀的人都是内向、害羞的性格。他们不太容易与人见面，在许多社交场合中他们都感到不舒服——至少在他们有时间适应环境之前。他们需要得到帮助来更快地建立融洽关系，并简单地使闲聊更熟练。

·团队建设能力。从本质上来说，精英们倾向于以独行侠的身份生活，他们通常比他们周围的人表现得更好。他们不会自然地被群体设置所吸引，所以有时他们不理解如何建立凝聚力，并为他们的直接下属团队建立问责制。

还有其他一些抵制改变的行为。通常，我所定义的"不可训练"技能的列表，包括与学习潜能、战略思维、决策、定量设施、解决问题和批判性思维相关的认知能力。然而，根据我的定义，精英们展示了这些认知技能。同样，他们也会让他们的动机、成就和正直变得明显。他们可能缺乏创造力或细节定位，但因为这些对整体表现不那么重要，所以他们抵制教练的事实，不证明是有问题的。

最近，另一位咨询者问了我关于如何为她打算辅导的客户制订指标的建议。在有关精英的"康复"计划的清单中，她列出了不道德的行为、糟糕的判断力和薄弱的人际交往能力。我指出，薄弱的人际交往能力会对教练产生反应，但清单上的其他东西不会。

然后，我问了一个她不想回答的问题："为什么你想让一个不道德的人，在人际交往能力方面拥有一个糟糕的判断力，从而使他能够更有效地影响他人，并迅速将他的坏的、不道德的想法付诸行动？"我从来没有指导过一个缺乏正直或判断力差的候选人。不管教练多么有天赋，他们都不会对反馈做出反应，而且，从长远来看也都不会有进步。开除违反道德规范的，不要靠指导来减少他们。糟糕的表现最终会毁了你的组织，但不道德的行为会导致立即和彻底的失败。

你不能解决一个卓越精英的深层心理问题，也不应该去尝试。你最关注的应该是他们的行动和结果，以及这些人和这些行为对他人的影响。有些人并不是真的想要改变；还有一些人在你的组织中已经严重破坏了他们的名誉，以至于无法挽救。但是，从本质上说，卓越员工给了你去相信他们的理由、他们的贡献和他们的天赋。如果他们有一个严重的缺点，总是限制他们的效率，但还不是致命的缺陷，为什么不聘请一个外部教练来帮助他们呢？与试图取代这些杰出人士的代价相比，这样做的成本将是最小的。

结论

我们大多数人都会在组织的荒野中遇到一条蛇。有些人，就像眼镜蛇一样，突然袭击它们的猎物，然后立即杀死它们。另一些人，像蟒蛇一样，会在一段时间内慢慢地压垮他们的受害者。并不是所有的蛇都有相同的斑纹，也不是所有的蛇都在同一种环境中繁衍生息。因此，我们真的不知道去哪里寻找这种"穿着西装的蛇"，但是我们应该明白该寻找什么。

通常，一个典型的雇用面试不会发现他们。我曾评估过几位高管职员，他们通过了高管猎头、人力资源副总裁以及未来同事的审查。在每一种情况下，候选人隐藏了自己的本性。但有几次，我注意到应聘者为某些琐事粗暴地回应接待员或行政助理。因为我对高管职位的应聘者进行了深入的评估,所以我有大量的数据,在我的客户雇用他们之前,来帮助我识别出蛇来。但通常,在我注意到这种行为之后,客户也会意识到这些迹象一直存在。如果一个人在面试时不能礼貌地对待一位接待员,那么一旦他被录用,他有多大的可能性会遵守礼仪规范呢?

通常,蛇会伪装自己的行为,直到它们发现自己可以舒适地躲在猎物组织的门里,拥有金色降落伞和慷慨的遣散协议(具备了全部的就业保障)。如果有一件事是蛇能理解的,那就是如何保护自己。

然而,我们不应该把蛇和陨落之星混为一谈。我们当中有谁会放弃雇用像我提到的三位将军这样的人的机会呢?这些人献身于为国家服务,他们和他们的家人做出了巨大的个人牺牲,以实现他们所取得的成果。然而,他们都被绊倒在了职业生涯的终点线上。当我们能识别出蛇来,并将它们与坠落的恒星区分开来,或者更好的是,区分出那些即将坠落的恒星们,我们将采取重大的措施来改善我们的组织,并给予每个人一个公平的结果。

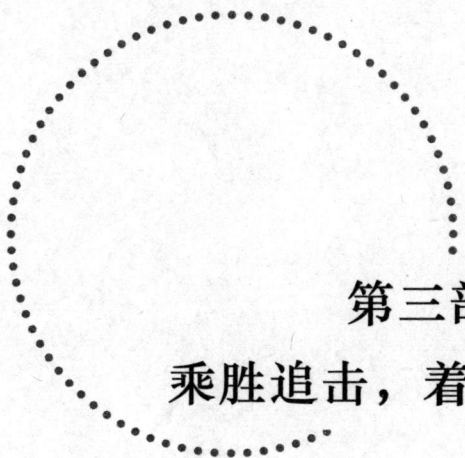

第三部分
乘胜追击，着眼未来挑战

第八章
进阶：精英们真正需要的领导模式

高绩效管理者知道，他们必须要创造出能让优秀员工们发光发热的环境条件和领导模式，否则就无法留住和吸引精英。

关于天文知识，我们知道离地球最近的恒星是太阳，它是地球上大部分能量的恒定来源。我们也知道，超新星是吸引眼球的恒星，因为它们能非常迅速地变得闪亮。更引人注目的是，这种极为明亮的超新星会引起一系列的辐射，这些突发的电磁辐射常常能够照亮其所在的整个星系，并持续好几周，甚至好几个月之后才会逐渐衰减消失，甚至有时会导致恒星自身的毁灭。虽然数量稀少，但在其短暂的天体生命中，超新星辐射的能量与太阳在其整个生命周期中发射的能量一样多，超新星的爆发常常引发附近星云中新恒星的产生。

人类的优秀精英，像天空中的超新星一样，能够在组织中创造能量，并迸发出各种创意，给整个行业带来冲击波。人类的超新星也影响其他杰出人物的塑造。为使你的公司绩效在全球经济中实现增长，并创造出应对未来不可预知的动荡的敏捷性，你需要创造一种环境，让亘古不变的太阳普照大地，让新星产生影响，让超新星爆炸。但是传统的方法是行不通的。相反，你需要用一种新的方式来思考如何从这些最聪明的人中汲取精华，需要你以新的方式去思考过去的经验财富，这种方式将能孕育信任，唤起卓越，并推动企业发展。

为什么传统方法不再奏效

在某种程度上来说，传统的领导观是一系列的期望、特征、特性和价值观，这些让我们失望，还被证明是不切实际的。我们常常期望自己的领导人是一个比生身父母更伟大的形象，能把我们从自我混乱的状态中给解救出来，是一个在我们做不到的时候能把事情做好的英雄。优秀员工们没有这些幻想，也不会欢迎这种领导力，即使这是自己力所能及的。优秀员工们想要的是模范的领导者，那些懂得激励、引导和鼓励的领导者；但他们既不希望也不要求像边境牧羊犬那样的领导者，因为他们不认为自己像绵羊。

在过去的几年里，年轻人进入了和父辈一样的行业，并一直待在那里直到退休。他们与同事之间形成了一种社区意识和认同感。这家公司的领导人就像牧羊犬一样，扮演着一种市长的角色。像"梦想家"和"创新者"之类的词通常不适用。"领导者"这个词更多的是与地位和权力有关，而不是责任与义务。时代变了，但我们的需求却没有改变。

1. 团体的新需求

研究告诉我们，包容、情感和控制的欲望塑造了我们的整个人生。传统上，家庭、教会、团体和组织的共同贡献满足了我们的需要。现在，随着团队的分散、工作场所的虚拟、家庭的分裂和教会的减少，对基本的人类需求的满意度在很大程度上落到了组织的身上。此外，优秀员工的工作时间越长，他们的闲暇时间和生活平衡的时间就会越少。因此，他们更多地依靠工作中的人来满足他们的基本需求。这也是组织文化变得越来越重要的原因之一。

除此之外，文化为组织中的人定义了一个连贯的价值体系。正如作家和领导力理论家约翰·加德纳（John Gardner）所提出的"团体教导"。如果它是健康的和连贯的，那么团体就会形成一个连贯的价值体系。如果它是分裂的、贫瘠的和堕落的，那么无论如何都要吸取教训，但不是治愈和强化的教训。正是团体和文化把个人置于价值体系中，当体系瓦解时，个体的价值系统也将瓦解。当文化衰落时，个体往往会感到失去意义，一种无力感油然而生[1]。

他们失去了信念，不再相信自己会对他们的生活或社区事项产生影响。通常情况下，那些成就卓越的人，会毫不留恋群体规范的崩溃，并脱离共同义务的背景，他们沉迷于自我，也有可能会选择留下来，去寻找一个能扩大和提升他们能力的社区群体。

去年春天，我去了一家在春假期间非常吸引年轻人的餐馆。每张桌子上都印有不同大学标志的运动衫，但每张桌子上至少有一个人要穿着印有同样 Logo 的运动衫。酒吧里的电视上播放着《疯狂三月》（*March Madness*）的实况转播和未上映的比赛更新。在那个空间里的几乎所有人，都想与周围产生联系，或者是篮球比赛的兴奋刺激，或者是与他们曾就读或希望就读的大学有联系。这就是我们做的——我们渴望关联性。

那些渴望领导优秀员工的人意识到，即使他们通常不在衬衫上佩戴公司的徽标，精英们也希望别人认为他们是重要的人物。格鲁乔·马克思曾经说过：我不想属于任何一个能让我成为其中一员的俱乐部。优秀员工有一个不同的口头禅：他们想要夸耀自己是某个组织中的成员，尊重那些能认可自己才华的人，并使得组织的文化兴旺发达。

优秀员工需要一种新的模式，一种能将领导力视为过程与头衔并存的模式。这种头衔并不仅仅代表着特权与权力，也代表着责任与义务。这一过程需要领导者将光明照进黑暗中，引导其他人追求组织目标，并影响其结果，卓越的结果。他们之所以能鼓舞人心，是因为他们通过模范的行为和一流的决策来树立榜样。在第三章中，我陈述了一个卓越组织的结构：卓越、天赋、文化和战略。作为领导者，为了创建这种类型的组织，你要承担三个主要责任：制订决策、发展后补、推动业务。当你把这三项与一流组织的必要条件联系起来时，你将会在发展一种全新且不同的领导方式方面迈出巨大的步伐。几十年前，爱因斯坦说："完美的手段和混乱的结局似乎是我们这个时代的特征。"他提到的时代早已过去，但他所说的那种综合征却没有消失。现在是时候做些更好的事情了，历史掌握着开启事务本质的关键。

2. 有时是老板的错

越南战争结束时，一种针对国家和空军领导层的相当大的怀疑情绪，充斥着整个战斗机部队。一些飞行员认为，领导层并不关心他们。在战争结束不到 5 年的时间里，大批的飞行员进入商业航空公司的工作岗位，引发了空军的强烈不满。当时的上尉罗恩·凯斯（Ron Keys）在一篇文章中强烈地表达了他们的共同情感，这篇文章后来成为著名的《亲爱的老板》（*Dear Boss*）之信。

凯斯和战术空军司令部的其他人已经接到命令，让他们写下所忧之事，以便转发给克里奇将军。凯斯并没有打算通过写文章离开空军，他甚至没有打算写任何东西，只是他的老板说这样做是必需的，也是紧迫的。

2012 年 9 月，我有幸听到这位已退休的将军罗恩·凯斯在空军协会会议上的讲话，他回忆起现在著名的《亲爱的老板》之信的情况。[2]

我总结了一下这封信：

亲爱的老板：

好吧，我辞职。我终于失去了动力，不想再奉献，没有了理性，也没有其他任何理由能让我在空军待这么久。为什么要离开战斗机和一个有前途的职业？我辞职是因为我累了。10 年，2000 个小时，在一个伟大的部队，我一直在用更少的时间做更多的事，我已经厌倦了。

我想我能做到这一点，就像其他人认为的那样，我们做了一段时

160

间……我能做到，我做到了。

我仍然可以做，但我不会。我太累了。我厌倦了我们的高级指挥官们的极度糟糕的领导能力，那些人甚至连"团队精神"都说不出来。让我来告诉你，在战斗机行业，当你失去精神支撑的时候，你就已经脱离了军队，在接下来的 5 年里，脱离军队的军人数量将会达到 2.2 万。

为什么要在一个奖励优秀而没有惩罚失误的组织中徘徊呢？我工作很努力。我已经建立了自我，我能做得比其他任何人更好，那又有什么区别呢？

这是组织本身。一种允许缺乏天资和能力的人来做这项工作的系统。一旦他们进入，你就不能把他们赶走。所以现在我们有部分低素质的人有动机问题，指挥官不允许任何人抛弃他们。如果你没有注意到的话，正是这个导致我们有很多空军，但很少有战斗机飞行员。

决定性事项——完整性。尽可能隐瞒……尤其是上级指挥部，只要他们知道就能帮到你。他们永远不会考虑到："不要对将军说这些！""啊，好吧，把它推迟到危机爆发的时候——也许它会被事态所压倒。"也许如果我们忽略它，它就不会成为问题。

这就是我辞职的原因……时间得不到保障，权利受到侵蚀，正直受到嘲弄，没有明显的职业发展，高级指挥官显然完全没有抓住要点（每个人都害怕或被禁止告诉他们）。

我去山上看了看，我看到了大局，而不是空军。[3]

写了这封信后，罗恩·凯斯继续服役了 27 年，退役时已到空军最高级别。无论从哪个角度来看，他都是一位杰出的指挥家，他在空军的最高级别上担负着责任，积累了超过 4000 小时的飞行时间（包括 300 小时的战斗时间），指挥过几个中队和联队，管理过战斗机学校以及直接向主要指挥汇报工作的组织。

《亲爱的老板》之信是一个传奇，因为它抓住了杰出成就者一直以来感到的挫折，并勾勒出那些领导他们的人应该做些什么不同的事情。顶尖精英希望更多地接触老板、资源，以及其他在工作、职业发展、诚信正直上更积极上进的同事。最重要的是，他们希望老板倾听他们的话，听他们说了什么，不说什么，换句话说，他们期待一种新的领导方式。

一种新的领导模式

尽管一流的组织需要的是传统上与领导力相关的品质，比如智慧、韧性、决心和对成功的愿景，但这份清单并没有提供领导力所需的完整图景。带领他人完成目标还需要自我意识、自我调节、激励、同理心和社交技能。常理可知，且我的个人观察也证实了：如果没有一个积极、公平的方向，员工虽然可以得到最好的训练、锻炼分析能力，获得源源不断的重大想法，但他们仍然不是那种能够吸引和留住精英员工的领导者。

如何解释那些稳步晋升的领导者与那些职业生涯神奇地偏离轨道导致无法发挥自身潜力的高管之间的差异呢？当人们能够快速找到迅速成功之路，各项工作正常开展，还能付出足够的聪明才智以获得成功，但依然没有形成有效领导时，我们必须怀疑有缺陷的领导风格才是罪魁祸首。即使是那些研究过管理理论的领导者也发现自己在犹豫应该采取什么措施来改进。

F^2 领导模式解释了这些行为：不是技能、天资、态度，或偏好等因素——高管们的表现需要呈现效果。F^2 领导者在关注任务完成和人的问题间找到了平衡。他们是坚定而公正的领导者，其他人信任他们，他们致力于关系行为和令人印象深刻的结果。

F^2 领导模式展示了对立力量之间存在的紧张和公平，并挑战我们：如何既有明确的任务导向，又使那些完成目标的人得到升值。

无论是指令性的还是描述性的，四象限模型都允许领导者了解与自己的行为相对的直接下属，但从本质上来说，这意味着行为的首选方式。该模型解释了领导者应该做什么才能有效，而不是仅仅描述他们倾向于做什么或喜欢做什么。记住，这个模型代表一个理想转台，所以没有人总是适应一个象限。想要更有效的领导者会为 F^2 行为而努力，但他们偶尔也会陷入另一个象限。当这种情况发生时，问题就出现了。

这个模型更多的是以接受者为导向，而不是以领导者为导向，它将领导者的注意力集中在那些值得信赖的人身上——组织中的那些能够决定成功的精英员工。它可以帮助领导人弄清楚他们是否正在失去平衡——倾向于让他们表现得像成吉思汗或罗杰斯。

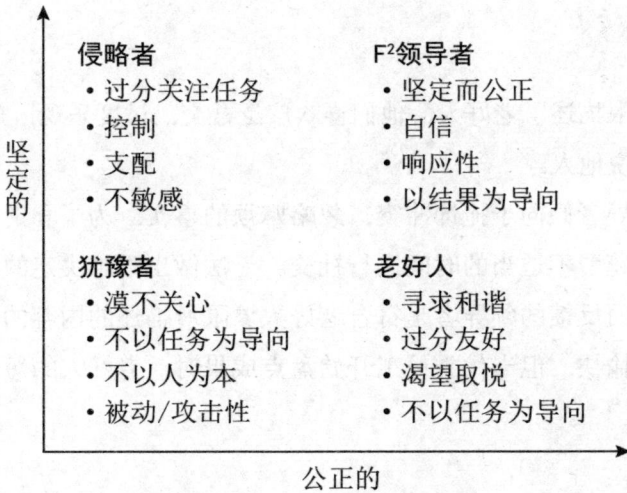

侵略者
- 过分关注任务
- 控制
- 支配
- 不敏感

F^2领导者
- 坚定而公正
- 自信
- 响应性
- 以结果为导向

犹豫者
- 漠不关心
- 不以任务为导向
- 不以人为本
- 被动/攻击性

老好人
- 寻求和谐
- 过分友好
- 渴望取悦
- 不以任务为导向

（纵轴：坚定的　横轴：公正的）

1. 侵略者

左上象限代表了一种传统的领导方式——过于强势和咄咄逼人。行为符合这个象限的人表现出太多的控制欲，对他人一般不敏感。通常，侵略者会为他们的行为进行辩解，因为从短期来看，这样的行为取得了结果，但从长远来看，组织中的优秀员工不能也不会在这种风格下蓬勃发展。尽管许多领导人承认他们独裁的领导风格，但他们觉得没有理由要改变——直到优秀员工另谋高就。

2. 犹豫者

左下象限代表那些既不致力于完成任务，也不致力于建立关系的人。谨慎、谦逊、神秘、顺从，表现出频繁犹豫行为的人通常不会进入到组织的高层，这些领导者甚至都没有达到普通的合格状态。优秀员工不喜欢那些总是拖拖拉拉地做决定，为了完成一项任务而花上一辈子的时间，逃避变化以避免生活巨变的领导者。因此，在这个象限中的行为代表了失败的最快方式——卓越精英的流失，卓越精英往往无法忍受表现平庸甚至表现较差的领导者。

3. 老好人

右下象限描述了老好人，他们喜欢广泛社交，过度乐观，非常健谈，并且渴望取悦他人。

这些领导者倾向于掩饰冲突，忽略麻烦的事实，为了和谐而让步，或者在工作中花费不适当的时间进行社交。无法做出艰难决定的领导者，或不愿给予负面反馈的领导者是符合老好人象限所描述的内容的。虽然工作环境很友好愉快，但当优秀员工开始盘点成果时，老好人的短处就暴露出来了。

4. F² 领导者

右上象限描述的是成功的、富有吸引力的高管——他们往往表现出一种协作和民主的领导风格。尽管他们在完成任务方面非常熟练，但在这个过程中他们并没有牺牲礼仪规范。

具有远见卓识和战略眼光的 F² 领导人总是努力影响他人，塑造思想，通过说服和逻辑来影响结果，而不是强迫。直接下属、同事和其他领导者重视 F² 领导者，因为他们不仅能完成任务，而且能激励周围的人。他们平衡的领导风格能在别人身上产生最好的表现，归根结底，在很大程度上也能说明他们的成功。F² 领导者挑战他人以达到最佳，他们保持专注，要求卓越。他们允许形势，而不是他们自己的情绪或倾向，来决定他们的用力程度。他们不会回避棘手的问题，但是那些在他们的指挥系统中的人不会发现他们的专横跋扈和控制欲。

信任：黏住星星的胶水

"信任"已经成为人们喋喋不休的谈资——假设每个人都以同样的方式定义这个词，且在同样的程度上重视它。每个人似乎都同意信任是一件好事。他们只是不完全同意为什么。

信任有四个主要构成要素。第一个也是最明显的是对人的信任，即他们不撒谎、不欺骗或不背叛，这是一种"荣誉代码"的信任。客户或直接下属会想："我可以依靠这个人去做正确的事情，仅仅因为这是正确的事情。这个人一直以荣誉和正直要求自己，所以我没有理由担心这种关系的存续。"

第二个是我对你能力的信任。我必须相信你有能力、有实力兑现你的承诺。我相信我的女儿会保管我的书，给我的客户开具发票，但我不相信她能够切除我的阑尾——即使是在美好的一天。

信任的第三个方面与行为的可靠性或一致性有关。我可能信任你的正直也重视你的产品，但如果你不能持续地提供高水平的表现，我最终也不会相信你。你必须提供可靠的记录。

信任的第四个方面是我觉得你是我最关心的人。我相信，你希望我成功或受益，而不是因为其他因素。当我认为你会照顾我的时候，我相信你。

当信任减少时，领导者将会付出什么代价？最引人注目的代价通常意味着失去有价值的客户。当你提供世界级的产品或服务时，客户会对你产生忠诚。但是，如果你不能以某种可靠的方式把他们分类，即使是你最忠实的粉丝也不会留下来。或者说，不管任何由头，一旦你让顾客去质疑你的道德准则，他们就会消失不见。

第二个代价是关键精英流失。优秀的员工无法容忍有条件的正直、不称职或不合格的表现。就像《亲爱的老板》信中描述的飞行员一样，他们会离开。优秀员工以他们的工作为荣，如果你无法让他们在你的地盘上尽力而为，他们会走向你的竞争对手。

第三个代价是低信任的传染性。当高层领导在自己的开支上作假、向客户收取过高的费用、销售劣质产品或提供二流服务时，一些员工会急切地接受这种毫无原则的挑战。他们开始把自己不吃的饭、不提供的服务收费，出于"正确"的理由（比如帮助公司）做错事。最终，领导者们将所有的时间都花在了幕后——他们也经常躲在幕后。

有一个简单的解决方案——信任并提供信任，并且始终如一。不仅是道德上的要求，稳定性、可靠性和可预测性也是切实可行的。当领导行为不符合预期时，他们会给依赖他们的人造成不安。不一致性、信任的敌人，是它最快的破坏者之一。相反，可预见性定义了信任的核心，优秀员工们也期望如此，他们想要一致的消息和标准。即使他们从偏袒中获益，优秀员工也会抱怨不一致，因为这引来了组织的其他成员的冷嘲热讽。

因此，保持政策和标准的一致性。当领导者有了偏好时，会使一些受宠的员工扭曲规则，或者牢骚满腹，其他人也会注意到。如果你建立了一个规则，每个人都应该遵守它。如果你认为一个问题的重要性不足以制订公司的政策，那就别去管它。换句话说，不要针对某件事制订政策，除非是你最具价值的员工违反规则需要开除他时。

期望每个人都有能力、有高质量的表现和文明的行为，尽管同样的行为标准应该适用于天才、技术专家、顶级销售员、呼风唤雨的人或公司的吝啬鬼，但他们往往不这样做。相反，领导者往往忽视那些在连续体的一端或另一端工作的人。通常情况下，最优秀的员工和极度不愉快或表现不佳的员工之所以能侥幸逃脱，仅仅是因为领导者选择了避免冲突。

审视你的决定，尤其是那些难以抉择的决定，正视问题，并做出决定。即使你做出了错误的决定，别人对你的决定的反应也会比他们胡言乱语更积极。给予诚实反馈，处理谣言，坦诚交流。然后这样做：

- 承认错误。

- 道歉。

- 设身处地为他人着想。

- 控制你的脾气。

- 问一问，听一听。

- 当有新信息表明你应该改变时，改变你的想法。

- 遵守规则——所有规则，甚至你所不同意的规则。

- 期望不要脱离实际。

优秀员工们对他们的领导者期待很高。加德纳还写道，优秀员工希望领导者能够"创造一个充满挑战、期待与机会的环境条件。他们可以排除障碍，挖掘秘密礼物，释放改天换地的能量"。[4] 为了提升他们，驱动他们，领导者必须相信他们的员工，向员工释放付出总有回报的信号。历史告诉我们，时势造人，有时环境创造的局面会导致领导者陷入困境，也可能引导领导者步入繁荣。

例如，2012年10月28日是古巴导弹危机50周年。古巴导弹危机是肯尼迪总统任期内经历的一次重大危机，甚至对冷战时期的全世界来说都是一次重大危机。为了试图在离佛罗里达州海岸仅90英里的地方建立苏联核武器基地，赫鲁晓夫派遣了携带核弹头的苏联船只前往古巴。赫鲁晓夫因肯尼迪在猪湾的失败而胆大妄为，他认为肯尼迪将竭尽全力采取措施避免核战争："肯尼迪没有强大的背景，一般来说，他没有勇气面对严峻的挑战。"赫鲁晓夫向古巴的切·格瓦拉保证，"你不用担心，美国方面不会有太大的反应"。

苏联和古巴低估了肯尼迪。在 10 月 14 日对古巴进行侦察之后，美国空军战略司令部有史以来第一次发出二级战备状态（DEFCON 2）警报，距离核战争只有一步之遥。

肯尼迪拒绝了直接接触的要求，并下令对古巴进行海上封锁。此举阻止了苏联船只进入该岛，并为冷静头脑后处理危机赢得了时间。22 日，肯尼迪宣布，从古巴发射的任何导弹都将受到美国对苏联的全面报复性打击。24 日，苏联向古巴运送导弹的船只返回，当赫鲁晓夫在 28 日同意撤回导弹并拆除导弹基地时，危机就像突然开始的那样，突然结束了。

然而，在这一年多以前，肯尼迪在猪湾入侵期间的领导地位并没有这么好。事实上，历史学家经常把肯尼迪在导弹危机的成功归因于他在猪湾事件中的失败。

猪湾事件的目的是引发一场反对卡斯特罗的全国性起义，这是一个在艾森豪威尔政府时期就已经制订好了的计划。肯尼迪上任时，废除了艾森豪威尔的计划和行动协调委员会，从而消除了艾森豪威尔委员会固有的制衡机制。

通过资助和指挥反卡斯特罗的古巴流亡者，美国希望推翻卡斯特罗。但这个计划并没有成功。1961 年 4 月 17 日，古巴西南海岸的 1453 名古巴流亡者在 72 小时内兵败如山倒，最终，1179 名侵略者被抓获，其余 274 人死亡。

这次进攻不仅失败了，而且加剧了美国和古巴之间业已存在的敌对关系，加剧了国际冷战的紧张局势，并促使苏联第二年在古巴安装核弹头导弹。

大多数历史学家都认为肯尼迪与制订猪湾入侵计划的参与者一样，都在判断上犯了一些根本性错误，但是，他们没有在古巴导弹危机中重复这些错误：

·也许是纯真、狂妄或缺乏经验导致肯尼迪无视艾森豪威尔的计划和在猪湾入侵计划中持反对意见的声音。在导弹危机期间，他的判断并没有受到这种过度自信的影响。

·肯尼迪做出入侵古巴的决定是基于入侵将引发大规模起义的理论，这种判断后来被证明是错误的，是代价高昂的。在导弹危机期间，他更成功地基于决定性信息来建立结论。

·总的来说，美国在入侵时给人的印象是，它没有表现出足够的攻击性来支持古巴叛军。肯尼迪总统拒绝了保护流亡者所需的空中支援，从而降低了美国的承诺。相反，肯尼迪在导弹危机期间与赫鲁晓夫谈判时的坚定态度表明，这位苏联领导人认为肯尼迪没有勇气面对严峻挑战是错误的。

·在猪湾入侵计划制订期间，美国中央情报局成员之间有着高度的凝聚力和服从的压力。当有人鼓起勇气表达疑问时，他们犹犹豫豫，不愿意相互质疑，而且故意保留不同意见。他们无视了有条理的研究、计划、制衡，只是专注于制订推翻卡斯特罗的不择手段的方法上，为了达到目的想方设法。肯尼迪没有质疑，也没有发现他们的诡计和拙劣的研究，等发现时，一切都为时已晚。

·肯尼迪允许入侵计划小组的成员考虑他的从属关系，同时，中情局和军方高层宣布他们坚不可摧。他们有一种错觉，认为由于保密和总统的介入，他们被隔绝了，所以他们为自己的行为编造了理由。在导弹危机期间，肯尼迪没有容忍这种幻想。

·在关于入侵的最初讨论中，肯尼迪在听取专家们的意见之前就发表了自己的意见。他需要客观的数据，但却没有回应，因此注定没有任何机会对所有的角度和可能性进行有力的检查。

肯尼迪在白宫的短暂任期为当今领导者提供了一个最深刻的经验教训。首先，同一个人导致了这两种截然不同的情况，一种是彻底的失败，一种是避免了灾难。他向我们表明，领导者可以从错误中吸取教训，只要他们愿意检视错误所在，并致力于采取行动，纠正错误。

其次，他证明了一次失败，即使是像猪湾事件一样大的失败，也不能定义一个领导者的任期。历史学家现在都称赞肯尼迪，肯定他在战火中承受的压力，肯定他愿意与赫鲁晓夫和解的意愿，他的决心，他的外交手腕和勇气。他在大西洋划出了一条隐喻性的界线，并警告说，如果赫鲁晓夫胆敢越过这条界线，将会带来可怕的后果。但他也通过谈判达成了一项和平解决方案，避免了核战争，让美国人有理由相信他的领导能力。在这两种情况下，都有卓越员工为他出谋划策，但只有当他改变领导方式时，他的领导能力才能吸引到最聪明的人。[5]

与其花钱挖人，不如花钱造人

20 世纪 60 年代，劳伦斯·彼得（Laurence Peter）开始注意到能力不足的问题。他发现，虽然有些人能胜任自己的工作，但有些人被提升到他所不能胜任的位置时，会习惯性地把工作搞砸，让同事灰心丧气，降低效率。他的结论是，世界上每一份工作中，总有人胜任不了。只要有足够的时间和晋升机会，那个人就会得到这份工作。彼得在寻找能够解释为什么如此多的重要职位都被不称职的人占据的深层原理。

他提出了"彼得原则"（The Peter Principle），该原则认为，当组织以成就、成功和功绩为基础进行提升时，员工最终将被提升到超出自身能力水平的地位，并被提升到不胜任的地位。如果人们不是仅仅根据他们的成绩提升员工，那还有什么考虑因素呢？答案是潜力。

这一原则认为，在等级制度中，人们只要工作称职，就会得到晋升。最终他们将被提升到一个他们不再胜任的职位——他们无法胜任的地位。他们经常留在那里，无法获得进一步的晋升，但也堵塞了那些仍能升职的人的通道。通常，精英们会在等待过程中表现出不耐烦。

通常一个人的认知能力在某一层面上已经被证明是足够的，但当问题变得更复杂、惊喜频现、优先级更不稳定时，就会被证明是不够的。有时，在完成工作和产品出厂时，具有非凡战术能力的个人都能表现得出色。同理，有些人善于处理预算，但不知道如何在一个负盈亏责任的角色中发挥作用。他们只是缺乏定量推理来在更艰难的联盟中发挥作用。

然而，员工的不称职并不一定是因为职位越高越难。也可能是因为新职位需要不同的工作技能，而员工并不具备这些技能。例如，一个拥有高超技术的工程师可能被提升为项目经理，结果却发现他缺乏领导团队所需的人际交往能力。

彼得为那些领导行业大师——他所谓的超级能力者的领导者们提供建议，他认为，有能力的管理者将会提升一个超级能力者来改善组织。然而，不称职的管理者会被那些过于优秀的人吓倒，担心超级有能力者会威胁到他。[6]

当你审视你的招聘和晋升制度时，可以考虑以下的方法来避免"彼得原则"：

· 制订一个"上或下"的政策，不进则退，要求被提升的人在个人素质和技能发展上都要有进步。那些留在岗位上表现出无能的人会损害公司的整体士气，并引起组织内那些不满的人的怨恨，因为他们觉得自己被一个无能的人拒之门外。

· 创建个人贡献通道。有太多的组织虽然有"上升或退出"的框架，但没有意识到并不是所有的高手都能成为一个好的领导者。找到一种方法，让他们游刃有余地在岗位上好好发挥自己的专长，而不必承担额外的领导责任。

· 只可以缓慢而有条理地晋升那些已经表现出技能和认知能力的人。

· 在组织的每一个级别识别优秀的员工，不要让他们像被过流水线般忽视掉。优秀员工的天性扰乱了大多数组织的自然秩序。有时，不称职的管理者憎恨他们，并拒绝指导。如果你发现这些优秀员工在为一个不称职的经理工作，而这个经理又拒绝发展或提拔他们，作为高级领导，你就应该介入。

· 不要因为努力而提升。虽然值得称赞，但努力并不能推动业务发展，结果确实如此。当你看到有超出你的期望的结果时，再提升。

· 避免发展平等主义组织。高层领导不需要从收发室起步，即使对公司来说是新手，优秀员工也可以经常跳到高层角色。（例外：在家族企业中，我鼓励老板让他们的孩子从最底层做起，通常是高中时的暑期工。当你准备继承家族企业的时候，了解企业的每一个层次都是有意义的。）

· 为新职位培训员工。在他们接受头衔或晋升之前，对他们进行培训。给他们聘请一个善于帮助别人晋升的导师，让他们参加正式的培训，或者找到其他方法让他们学习必要的技能。

· 使用顾问或承包商进行短期、专门的项目。在这种情况下训练内部人会浪费时间，使人失败。

· 对评估者进行评估。老板推荐晋升他们的直接下属，看看老板的记录，有多少次推荐发挥作用了？有些老板是那种有眼不识金镶玉的人。优秀员工有时会有投射心理。他们认为其他人也能像他们一样迅速地解决问题，即使没有证据支持这一观点。

雇用精英，你可以通过钱买到经验

几年前，我看到了基于迈克尔·刘易斯（Michael Lewis）的畅销书《魔球：逆境中制胜的智慧》（*Moneyball: The Art of Winning an Unfair Game*）改编的电影《点球成金》（*Moneyball*）。这部电影有一些显而易见的成功原因，比如美国对棒球和布拉德·皮特（Brad Pitt）的热爱，但我喜欢它是因为一种难以察觉的东西。这部电影说明了我多年来给客户的建议：雇用精英，你可以通过钱买到经验。

布拉德·皮特在电影中饰演比利·比恩，一个曾经在大联盟中火冒三丈的人，后来成为奥克兰田径运动的总经理。电影一开始，这支球队面临着三名最佳球员的流失。因为球队不像洋基队和红袜队等长期热门球队那样拥有雄厚的资金，比恩意识到他需要从根本上改变评价球员对球队贡献的标准。然后他遇到了彼得·布兰德，这是他在走向成功之旅上做出的第一个也是最好的精英决定。

布兰德是一名 25 岁的耶鲁经济学专业毕业生，专门从事棒球统计学的研究——一种基于对赛场表现的客观数据进行的统计分析。

比恩意识到，布兰德知道如何颠覆已经存在了近一个世纪的球员评估体系。然而，当这对搭档开始获得不超过首轮的选择时，他们面临着"长期的球探"和球队经理阿特·豪的强烈抵制。他们经历了一个坎坷的开始，但最终，比恩和布兰德获胜。

让我们看看领导者可以从中得到什么经验：

·就像当今的企业领导一样，比恩面临着严重的经济限制——这些限制并不影响他的竞争对手。2002 年，运动队支付了大约 4100 万美元的薪水，而纽约洋基队等竞争对手在同一赛季的薪资支出超过了 1.25 亿美元。

如果他接受了雇用经验的传统方式，奥克兰就不可能保持竞争优势。球队的资金短缺迫使奥克兰队找到了被市场低估的球员。显然，经济竞争环境并不公平，所以比恩需要新的想法。如果他采用传统雇用经验的方法，奥克兰运动队就永远不会获得竞争优势。

· 比恩没有分析球员的天赋，所以他聘请了布兰德来作为专家。最重要的是，他采纳了布兰德的建议。

· 当前的经济形势不会允许你一直重复老套路而得到同样的回报。你也需要一种新的方法来雇用那些能让你超越竞争对手的精英。通常情况下，你负担不起最有经验的球员的薪资，但如果你能客观地分析你能支付得起的精英，你也可以赢。

重视棒球统计学的球队通常被认为是玩"钱球"。棒球传统主义者，特别是一些球探和媒体成员，谴责棒球统计学的改进，诋毁《点球成金》，认为电影过度强调了棒球统计学，而不是更传统的球员评价方法。尽管如此，大联盟球队一线队伍，如圣路易斯红雀队、纽约大都会队、洋基队、圣地亚哥教士队、波士顿红袜队、华盛顿国民队、亚利桑那响尾蛇队等，都聘请了全职的棒球统计分析师。正如我对所有的客户说的那样，这些团队的总经理们知道：与其花大价钱挖人，不如花大价钱造人。讽刺的是，优秀的人不因报酬而工作，但工资则允许他们实践他们的激情。薪水是记分卡，是交易的必要部分，而不是交易。

为什么是 CEO 而不是人力资源部

除非你在你的组织中达到了杰出的地位——这意味着你有相当数量的专业员工，你应该预料到员工 B 和员工 C，会阻止雇用和提升那些他们发现的对他们有威胁的人。最终，优秀员工们会在继任过程中战胜平庸的员工 C，但在此之前，首席执行官（而非人力资源）必须积极参与遴选过程。

一切从招聘开始。首席执行官必须接管决策，因为它涉及政策、过程和最佳实践。这将涉及制订具体的招聘目标和要求，只有优秀的精英，或那些在不久的将来有可能成为优秀精英的人，才能加入到公司的关键岗位。但它也包括将招聘直接放在招聘经理的圈子里。鼓励他们建立自己的关系网，与你所在行业的杰出人士保持联系。你们都知道他们是谁，而且很有可能，你们每个人都有两种不同的认识。随着 Linkedin 网和其他社交网络的出现，追踪最优秀和最聪明的人变得极其简单。然后，要求你的员工承担更多的责任。如果你让招聘经理为他们引进的精英负责，并将他们的业绩评级和奖金与这些责任联系起来，你会立马看到情况改善。

1.HR 不会雇用夸夸其谈的人

一名男子在车库大甩卖时发现一只狗的上方有个牌子，上面写着："会说话的狗 10 美元。"

男人问小狗："你真的能说话？"

"当然。"狗回答。

"这太神奇了。你有什么故事啊？你为什么被卖了？"

狗说："我最近刚从阿富汗回来，我在那里为美国军队工作。因为我是条狗，所以我能在敌后做侦察。然后我回到基地，向将军们汇报。在那之前，我在伊拉克为国务院工作，直接向希拉里·克林顿汇报。我偷偷溜进秘密会议时，伊拉克领导人没有注意到，所以我听了之后飞回五角大楼，向克林顿国务卿和总统汇报情况。之后，我遇到了我的主人，他想让我退休，和他一起住在这里。现在他要卖了我。我不知道为什么。"

"哇。"那人说。"等一下，我马上回来。"

男人找到了狗的主人，并对他说："真的不敢相信你的狗竟然会说话！太神奇了！""是的，这是一个会说话的狗。"狗主人用很没有感情的声音回答。

"好吧，我要买他。"男人说。他给了狗主人 10 美元，然后继续问："但是，我想问一下，你为什么要把会说话的狗卖掉呢？"

那人不耐烦地看着他，回答说："因为它是一个骗子。它甚至从未见过希拉里·克林顿。"

当我与客户合作来改进选择或继任计划时，我经常会遇到无法发现杰出精英的情况，而且他们一般不愿雇用那些表现出色的人，通常是因为优秀并不是表面光鲜亮丽。不再是一个决策者说"哇！这是一只会说话的狗！其他还有什么要紧吗"的时候，现在，人们开始审视场外，制订他们的精英准则，并且根据这个准则来对候选人进行评估。我的经验是，人们不愿意雇用最好、最聪明的人的原因有四个：

·他们根本不知道黄金是什么样子的，但他们知道如何评估一个人是否符合预先设定的标准。如果一只狗在开口说话之前咬了人，人们是不会认出它是一只会说话的狗的。

·他们觉得雇用一个可能胜过他们的人会给他们带来威胁。

·现有的充满了随机指标的精英政策使他们感到安逸。

·对优秀员工的维护管理难度太高。优秀员工们喜欢挑战传统，坚持创新和改进，破除陈规旧律，并且通常使他们自己成为讨厌的人。普通人更容易管理。

我不提倡雇用骗子，但我确实向客户提出质疑，以避免他们在雇用和推销计划上建立任意标准。决策者往往把注意力放在错误的事情上，比如主观标准、经验或某项工作的条件。这些观察使我怀疑大多数公司是否会雇用他们行业里像史蒂夫·乔布斯一样的精英。

正如我在第六章提到的，史蒂夫·乔布斯不是一个模范老板，也不是一个把自己包装完美，以供人模仿的人。根据传记作家沃尔特·艾萨克森和大多数人的说法，乔布斯既不具有代表性也不特别讨人喜欢，但他确实显示了会说话的狗的特点。作为一个大学辍学者，史蒂夫·乔布斯在他父母的车库里创办了一家创业公司，这个世界上最有价值的公司。他并不总是很好，有时也不太聪明，但他是一个天才——他的想象力超越本能，出人意料，令人感到神奇。[7] 无论在哪里，他的见解都是突如其来的。我们会记得他是我们这个时代最伟大的商业执行官，而历史将把他置于名人堂，但你的公司会雇用他吗？

继续雇用普通员工不会让你获得竞争优势，更不用说卓越优势了。你需要做更多的事情。如果你想要一个史蒂夫·乔布斯那样的精英而不是一只会说话的狗，你必须创造一个环境，让他们可以尽力而为。不然的话，你就把他们拱手让给你的竞争对手了。到底要怎么做，由你来选择。

2. 最后两个步骤

一旦 CEO 开始对选择和继任计划过程承担更多责任，下一步就涉及我所说的"淘汰员工 C"。这意味着你要问，并要求你的经理们问"两个问题，两步走"：

· 你会再次雇用这个人吗？

· 看到这个人离开，你会感到遗憾吗？

如果两个问题的答案都是"不会"，那么你可能需要启动淘汰过程。如果两者的答案都是"会"，你应该开始启动替换这个人的过程。杰克·韦尔奇（Jack Welch）在商业史上依旧是辨别顶尖精英的黄金标准，他表示，他将1/3的时间用于提升精英。我不知道还有多少首席执行官能提出同样的要求。但杰克·韦尔奇留下了一个与大多数其他人不同的宝藏。

结论

2013年1月19日，圣路易斯失去了一个偶像，棒球界最伟大的击球手之一，斯坦·穆夏尔。在22个主要联赛赛季中，穆夏尔率领红衣主教队3次获得世界锦标赛冠军，7次获得击球冠军，并3次获得全美联盟最有价值球员称号。他打造了一个行业，一个品牌，一个将在圣路易斯、红衣主教队以及棒球史上流芳百世的传奇。

在整个棒球世界里，球迷们都知道穆夏尔的非正统的螺旋式击球姿势。在圣路易斯，我们知道他是这项运动的首席大使——我们最喜欢的儿子。他不像同时代人的一样华丽耀眼，更不用说今天的伟大棒球运动员了。但他为那些希望留下传奇的领导人树立了榜样。

穆夏尔在击球时并不浮华、高大、速度特别快或传统。但他是我们最好的斯坦·穆夏尔。他设定了标准，但没有提高标准。他告诉我们，创造传奇需要天赋，并有能力始终如一地交付卓越的业绩。即使受伤，他也全力以赴地比赛，并解释说："也许有人从来没见过我打球。"

穆夏尔是个好人。他随时准备好为孩子们签名，或者用他低调的"Whattayasay，Whattayasay"来欢迎球迷。在我们以鞋子和啤酒闻名的那个年代，穆夏尔在圣路易斯的历史上开辟了自己的一席之地。

穆夏尔走向成功是因为他时刻谨记着：做好工作。我办公室里放着一个书架，上面的每一本书都明确地定义了领导者的显著特征，穆夏尔给出了一个更简单的解释：始终如一地提供卓越的表现，做一个受人们尊重的人。为已经支持你的客户提供卓越的表现，但即使你受伤了，也要发挥你最大的作用，以防那些从未看过你比赛的新客户的出现。

当我们讨论棒球的时候，我们了解传奇，但是当涉及商业时，我们就很难清楚地表达我们的意思。像杰克·韦尔奇这样的人，他们知道自己必须做些什么才能使跟随他的优秀精英保持一致，使他的公司能够发展壮大，并创造出能让他的优秀员工们发光发热的环境条件。这类人并没有打算自己成为一个卓越的人：他创立了一家公司，为这个行业设定了黄金标准。这就是一种传奇，从最聪明的人身上吸收最精华的部分。

第九章
风险：影响高绩效团队的八大因素

成功的管理者明白，他们必须在不同的个性和职能
之间建立起凝聚力。只有这样，团队才能取得成功，
才能保证团队绩效翻倍。

    几个世纪以来，我们已经了解到，星系是一个巨大的引力束缚系统，它由自然吸引的恒星组成。在科学上，我们了解自然发生的重力现象，以及让星星保持在轨道上运行的相互作用，但我们还没有使用这些知识来理解人类中的恒星如何能够营造一个自己的重力星系，从而创建出一个具有顶级能力的卓越精英。

    银河系始于单颗星星，正如杰出的组织和运动队都是从关键个人的成功开始的，如贝利、大卫·贝克汉姆和魔术师约翰逊——只是列举了一些人在他们团队的成功中所占的比例和责任。史蒂夫·乔布斯让苹果公司出名，创造了一个既能生存下来，又能在乔布斯去世后茁壮成长的公司。像他们的天体对应物一样，这些超新星不断地引起能量迸发，使整个星系与其各自的星系相形见绌。与天体不同的是，这些发光体并没有立即消失。相反，他们带领他们的团队在一段较长的时间内实现竞技或团队的胜利。

    当你招募一颗恒星时，你已经为建造一个星系迈出了重要的第一步，但这仅仅只是第一步。如果停滞不前，你就不会比你一开始就把钱省下来或雇用普通人，享受到更多的成功。同样，如果你招募了一批恒星，却没

能帮助他们发展出某种程度的凝聚力，你就会重蹈那些认为聚集一些顶尖精英就足够了的领导者的覆辙。正如一个世界级的管弦乐队需要弦乐、铜管乐器、木管乐器和打击乐器，以及一个能帮助他们一起创作优美音乐的指挥家，组织需要领导者在关键位置上精心安排，创造出与众不同的、多样化的才能，从而创造出更大的、更美好的东西。然而，顶级精英并不容易做到这一点。

　　研究提供了大量证据表明，那些极其聪明和有才能的人，与那些平均或高于平均水平的人相比，往往表现不佳。很多时候，领导者认为他们是通过收集精英来完成自己的工作的。然后，他们和其他人都撤退到一个安全的距离，隔岸观火式地看待创新。但是，通常情况下，这群人并没有为团队的创意形成"一片赞叹声"，而是产生了一个非常昂贵的哑弹。

测量团队成员

　　在我与管理团队的工作中，我注意到了输入（团队成员）和输出（团队决策、行动和结果）之间的联系。只有那些出类拔萃的精英能为团队取得非凡的成绩。我发现把普通人团结在一起很少能创造出伟大的东西，尽管这类团队往往能建立起协同作用，并超越他们的集体才能的总和。

　　通常，在我与一个执行团队一起工作之前，我会使用一系列的测量决策、解决问题、领导知识和相关个性特征的测试，已经对每个成员进行了单独的评估。通常，我也参加 360 度面试过程，来识别那些有助于或阻碍顶级表现的行为，并检查了绩效考核。这些数据的集合使我清晰地了解团队中的个人，并为未来的战略或变革管理工作奠定了基础。

　　从我用各种角度来观察人们的总体框架来看，领导者可以使用以下模型来评估他们想要分配给团队的个人。

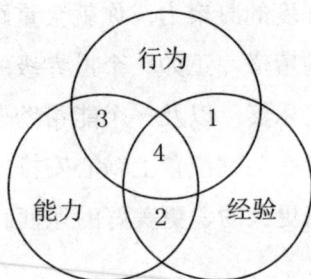

1. 行为 + 经验

你会认为一个在交集"1"里的精英不会成为优秀的团队成员，因为他们缺乏与其他人保持一致的能力。除非他们提供与他们的经验相关的专业技能，否则不要把他们当成候选人。

2. 经验 + 能力

你经常会发现，当你想在一个团队中加入几个包含交集"2"里的精英时，是因为他们有足够的智慧和经验来确定发生了什么。他们会擅长决策，但因为他们没有必要的行为，他们可能无法影响他人。或者，他们可能有意识或无意地破坏了他们队友的最佳想法和努力。根据他们处理那些阻碍他们前进的问题的行为，领导者通常可以指导这些人取得成功。

3. 能力 + 行为

你认为交集"3"的人往往是优秀的团队成员，因为团队中的其他成员可以弥补个人所没有的经验。因此，他们可以共同加强团队的努力。

4. 行为 + 经验 + 能力

交集"4"是团队成员和其他一切的理想人选。当你组建一个团队时，你可以期待惊人的结果。但是，你也可以预料到难以置信的问题，特别是如果你假设他们会自动地与以上情况结合在一起。他们需要你的帮助和洞察力，来引导他们通往高绩效团队成员之路，这是一片可预测且不可避免的汹涌水域。对一个高绩效团队的形成所带来的问题和机会的预测，首先是从对八个因素的理解开始。

影响高绩效团队的八大因素

建立一个高绩效的团队，需要欣赏个体成员的特征和个性是如何结合在一起形成一个高绩效团队的独特文化的。满意度、绩效、生产力、效率和营业额在很大程度上取决于团队的社会情感组成。但有一件事是不变的。精英们通常认为他们在星系中失去了发光的能力，他们的独特品质随着其他人的光芒而消失。团队始终表现不佳，尽管有额外的资源，但协调问题、动机问题和害怕失去控制的恐惧削弱了协作的好处。

那些渴望组建一支卓越员工团队的领导者，如果在一开始就没有组织和组建团队，就会面临巨大的障碍。如果没有结构，一支卓越队伍将会毫无成效地陷入困境，常常会被认为团队的努力是在浪费时间，悲观情绪弥漫。相反，当领导者定义期望、施加约束并帮助成员阐明规范、角色和职责时，团队可以花时间来执行任务。

领导者发现自己最有动力的时候是在团队遇到困难时，但往往为时已晚。一个更积极主动的方法是在实际组建时或当事情进展顺利时进行团队建设。以下八个因素将帮助你构建和定位这个结构，并让你创造出一个恒星星系，而不是一个自我的集合：

没有两支球队看起来会是一模一样的。然而，当他们理解了促进杰出人士之间成功互动的普遍动力时，领导者可以适应和调整他们的沟通情况，做出有利于团队和组织的选择。一切都从信任开始。

1. 信任

正如我在第八章提到的，信任有四个主要的结构：完整性、能力、可预测性，以及相信你被关心的信念。为了让优秀员工信任他们的领导者，他们必须满足信任的四个方面。组成团队的优秀员工将同样的期望带到团队设置中，并将其应用到他们的团队成员中，但是随着更多的不确定因素的出现，事情变得更加复杂。

人们意识到，由于老板和员工之间的关系，他们很容易受到老板的影响。他们接受这种结构，但在团队中，让自己变得容易受到同行的影响，这又引入了另一种复杂程度。使用这四个构造，每个成员必须信任其他成员，以诚信行事。在团队中，当成员报告他们发现一个成员可信时，经常描述正直的细微差别，他们不仅对评论的内容感到自信，而且还相信这个成员以相互尊重的精神提供给他们。

当团队成员开始承认彼此的错误，并提供和接受道歉时，他们会看到团队成员之间的信任。只有当他们感到足够舒服的时候，他们才会这样做，以至于老板和其他团队成员都不会以任何有害的方式使用这些信息。直接和长期的回报是，无论消息是好是坏，坦率都将保持在高位。同样地，成员们会对彼此的想法（内容）和行为（过程）给予不带感情的、准确的反馈。然而，不要指望得到平衡的反馈。精英们往往不会恭维自己或他人，他们发现缺陷，并报告矛盾；他们通常不会赞美表扬。

当信任在一段时间内建立时，成员开始相信队友会以可预测的方式行事，即使这些方式不一定是积极的。例如，一个成员，也许是首席财务官，似乎对每一个财政决定造成的影响都很关注，而合规成员不能讨论威胁监管限制的选择。足够公平，这些成员有受托责任监督组织的一部分，所以他们的关注将会延续到他们的团队角色。其他人可以预测，他们会在讨论中提出警告，即使他们似乎充当着商业预防部门。

从你被关心的基本信念开始，把自己的成功与他人联系起来的意愿变得脆弱。你不一定受到保护或培养，但是如果事情出了差错，你就不会被牺牲在公司的祭坛上。精英们重复着一句内心的箴言："如果我因为你的努力而沉沦或潜泳，你最好自己做一个游泳健将，如果我需要的话，你会给我扔一条救生索。"当信任的程度和数量渗透到团队的互动中，生产力就会随之而至。

2. 问责

当成员们真的不理解他们的队友对他们的期望时，他们怎么能发挥出自己的潜力来，并避免一路上的陷阱呢？当成员还没有建立明确的职责范围时，问题就显现出来了。他们没有交流，还没有公开说明每个人需要做什么，即需要完成哪些任务和做出哪些决定，而成员们还没有公开讨论他们对适当行为的期望。含糊不清，并把自己作为问责制的敌人，这就损害了承诺。这种理解的缺乏在团队成员之间造成了障碍，严重阻碍了高效和有效的团队合作。

航空业是我们这个特殊磨坊里的磨碎机，是一个很好的例子。在冷战期间，战略空军司令部（SAC），也就是控制核弹的主要司令部，决定了团队作为"抱团组队"表现得会更好。这些人作为一支团队一起训练，一起飞行，并一起评估。这些人知道彼此的期望，互相的信任度明显很高，表现也有所改善。

SAC 指挥官随后转移到物资空运司令部（MAC），并在该组织中对飞行员实施"抱团组队"协议。除了遇到显著的阻力外，很少有人发现这种方法是有效的。MAC 以标准化为荣，换句话说，不管是哪个飞行员或副驾驶员坐在座位上，其他人都可以期待他以一种标准的、正统的方式表现。领导人没有试图识别优秀飞行员，他们想要的是可预测性、精确性和安全性。

　　航空公司的运营模式更接近于 MAC。机组人员定期更换，有时在同一天更换几次。再一次，没有人试图在表现和技巧方面去对一个飞行员和另一个飞行员进行区分。联邦航空管理局、航空公司和乘客们都同意一件事：他们都想要安全。

　　在这些工作人员中，问责制是关键。当飞行员例行通过检查清单时，他们会倾听预先规定的短语并做出标准化的反应。例如，当他们听到"放下起落架"而不是"减速"的标准命令时，通常情况下，听者会听到"再说一遍"。这些工作人员的责任是如此磨炼和实践，以至于飞行员们训练自己去听他们期望听到的东西。当他们不这样做的时候，进展就停滞了。

　　渴望建立一个高绩效的团队可以从所有这些团队中学习经验，对于特殊的行业则没有最佳经验可借鉴。在 SAC，决策者看到了熟悉的价值，并将其与责任联系起来。在空军和其他航空公司，领导人寻求标准化的做法和程序，不希望有创造性的偏离标准。你会想要问责制和最低能力水平，但你需要更多。

　　在你的世界里，你想要的是与创业思维和创造力相结合的可靠性，和超越了最低限度的能力。你想要的是来自标准化的价值，而不需要严格的约束。你需要一定程度上的安全性和可预测性，但也需要你有灵活操纵的竞争能力。你希望你的卓越员工承担一定的风险，而不是不计后果的风险。这是一种微妙的平衡，但当团队不断地阐明目标、角色和决策权威时，团队就会实现这一点。

　　坦诚地讨论问责领域和上述每一个问题，可以帮助团队克服分歧，让成员们回到正轨。当我与执行团队合作时，我鼓励他们使用类似于传统的 RACI 方法的问责制格式，即负责（responsible）、可解释的（accountable）、咨询（consulted）、告知（informed）。

　　问责制有助于团队成员通过明确每个成员的职责和期望来进行更有效的运作。制订出一个图表可以帮助每个人理解谁应该参与哪些决策，并为工作分配、项目、会议和工作任务确定合适的人。它还能帮助人们学会不相互激怒，以及如何不去假设别人会照顾到某项特定的任务。

作为领导者，一旦你已经创建了一个责任和承诺的文化，你的角色就会改变。在这一点上，你应该把行为的监督留给团队。同伴的压力在卓越精英的团队中有很长的路要走。每一个人都意识到自己是在大联盟打球，不想让其他球员失望。这种恐惧可能只会让人们以一种功能性的方式行事。无论如何，团队都需要解决问题。通常，对于低于标准性能或违反团队规范的容忍在团队中消失了。你可能会被要求作为外部仲裁者，但是当你遇到讨论问题的时候，要作为整体奖励和惩罚整个团队，而不是作为个人。把注意力集中在团队做出的决定上，而不仅仅是完成任务。

3. 决策

传统的理解团队的方法通常是处理团队的工作，即通过集体行动而不是单独行动来完成的任务。然而，当你创造出一个恒星星系时，重点就会转移。当你需要大胆的决定和出色的分析推理时，你就会集合优秀员工，而不是需要所有的人。

在执行链中，我使用阿波罗 13 号（Apollo 13）里的团队来证明，即使是在危机时刻，杰出人士一起工作也能取得前所未有的成功。我们记得，在 1970 年 4 月 11 日，詹姆斯·洛弗尔（James Lovell）指挥了第三次阿波罗计划，目的是登陆月球。阿波罗 13 号成功发射，但在一个氧气罐破裂后，严重损坏了航天飞机的电气系统，机组人员不得不中止了登月计划。尽管存在电力不足、舱内热量损失、缺水、疾病等困难以及重建二氧化碳脱除系统的迫切需要，船员们还是在 4 月 17 日安全返回地球。虽然机组人员没有完成登月任务，但这次行动被称为"成功的失败"，因为宇航员安全返回。这也是一个研究特殊团队合作的案例。

作家兼研究人员梅瑞狄斯·贝尔宾（Meredith Belbin）开始使用"阿波罗综合征"这一术语有与众不同的原因。在组建了具有敏锐、分析性思维和高心智能力的团队之后，他发现，他们并不总是都能取得洛弗尔和他的团队所获得的成功。事实上，贝尔宾发现，当这类团队发展出一种"失败不是一种选择"的心态时，他们往往会在自己的失败中沉湎一气。

失败似乎是由于团队运作方式的某些缺陷造成的。也就是说，他们试图充当一个平均或高于平均水平的团队，但他们都是卓越人士。他们花了太多的时间在失败或破坏性的辩论中，试图说服其他团队成员采纳他们自己的观点，这就证明了他们在别人的观点中发现弱点的能力。这导致了相当于"死锁"的结果。

在计算机术语中，"死锁"意味着当两个计算机程序争夺控制权时出现的问题，这是当每个进程都在运行，资源已被其他进程占有，请求进程受到阻碍时发生的一种现象。在团队讨论中，当人们试图影响他人做出让步时，也会出现类似的情况（撒谎，即在他们的论点中，不承认自己的缺点）。每个人都不去寻找一致的观点，而是固执己见和去发现不一致的价值。[1]

我自己对高绩效团队的研究印证了贝尔宾的发现。如果领导者不了解并接受高绩效团队和普通团队之间的差异，这些问题很可能会发生：

· 团队成员倾向于做出反映他们自身最佳利益的决定。

· 成员花更多的时间辩论而不是分析，所以他们浪费了时间。

· 当你召集了一群已经习惯于正确的主流思想者时，成员们放弃了为有效的解决方案所需的意见交换。

· 成员们早就发现问题，反对并提出建议，而且该团队过早地放弃可行的解决方案。头脑风暴停止了。

· 当竞争开始时，成员就失去了焦点。

只有一个强有力的领导者才能引领优秀员工的才能、技能和自我，帮助他们通过合作实现他们最大的成就。体育教练每天都在这样做，但其他领导人却没有那么成功。亚伯拉罕·林肯（Abraham Lincoln）为这条规则提供了例外。

1860 年 5 月 18 日，威廉·西华德（William Seward）、萨蒙·蔡斯（Salmon Chase）和爱德华·贝茨（Edward Bates），都是总统提名的候选人，等待着共和党全国代表大会的结果。当林肯成为胜利者时，他的对手们感到沮丧和愤怒，但林肯本人把之前的争论放在一边。林肯展示了他标志性的政治家才能，他知道他必须组建一个代表最优秀精英的内阁，不管之前的分歧如何。林肯和蒙哥马利·布莱尔（Montgomery Blair）、吉迪恩·威尔斯（Gideon Welles）、诺曼·贾德（Norman Judd），都是前民主党人，还有前辉格党人威廉·戴顿（William Dayton）。林肯在建立内阁时可以做出更可预测的选择，但他没有这样做。相反，他意识到为治愈一个战火中的国家而面临的挑战，他创造了他的恒星星系——一个以思想和意识形态的多样性为特征的星系。

林肯理解他的对手并尊重他们，即使他不同意他们的想法。这些感情促使他把对他不满的对手召集在一起，创造出了历史上最不寻常的内阁。林肯把这些人的才智集合起来，保住了联邦，赢得了战争，虽然每一天都伴随着新的冲突和决定。

这个内阁的成员组成很强大，所有的精英都是他们自己的，但是林肯教会了我们一些其他的东西。因为这位来自伊利诺伊州的草原律师明白，非同寻常的时代要求他放弃普通的解决方案，通过勇气和远见，林肯带领他的"对手"团队做出了史无前例的决定，这将塑造国家和世界。以下是他所做的：

·林肯面对现实。他从未忽视过，也不让别人看不到他所面临的复杂任务，即在建造一个内阁的过程中所面临的复杂任务，既能维持住北方共和党的正直，又能从南方获得最公正的代表。

·他特别重视合作，但他毫不犹豫地鼓励对抗来实现这一目标。他的内阁成员激烈地、持续地发生冲突，但他们一起取得了胜利。

·林肯以逻辑带头，并没有让他对这些人的个人感情或过去竞选期间的经历影响他的判断。相反，他寻求并获得了最好的思想。[2]

很少有领导人自己招致冲突，即使它能带来最好的结果，但我们中没有多少人会去考虑林肯，或他所领导的国家的典型性、代表性的时代。林肯抛开自己的情绪，要求他的团队也这样做。他们可能不喜欢对方，没有共同的观点，但他们一起塑造了历史。

4. 解决冲突

正如林肯的"对手"团队教导我们的那样，并非所有的高绩效团队都能无缝地或轻松地形成。在到达成功的岸边之前，有些人必须在汹涌、无情的水域中航行。但是，在所有情况下，船只的转向仍然是最重要的，驾驶这艘船的人仍然是最重要的，就像林肯的团队和发现胰岛素的团队所做的那样。

在发现胰岛素之前，糖尿病导致死亡。医生们知道，糖会使糖尿病患者的病情恶化，而最有效的治疗方法是让病人在严格的饮食中控制糖分的摄入量，一般来说，食物保持在最低水平。医生和研究人员发明了这样的口头禅："食物越少，生活越丰富。"在最好的情况下，这种治疗会让病人多活几年，但却从来没有挽救过他们。在某些情况下，苛刻的饮食甚至导致病人死于饥饿。

加拿大医生弗雷德里克·班廷（Frederick Banting）博士在读到一篇关于胰腺的医学论文后，对糖尿病产生了浓厚的兴趣。其他科学家的研究表明，胰腺分泌的一种蛋白质缺乏激素——他们称之为胰岛素，导致了糖尿病。

为了研究从胰腺中提取胰岛素的可能性，班廷博士与各种各样的人讨论，包括加拿大多伦多大学的约翰·麦克劳德（John Macleod）教授。麦克劳德是糖尿病研究的领军人物，他并没有过多地考虑这些理论，但班廷博士成功地说服了他：这个想法值得进一步研究。1921年，麦克劳德给班廷博士一个实验室，这个实验室只有极少的设备、10只狗和一个名叫查尔斯·贝斯特（Charles Best）的研究助理。

班廷博士发现实验室笼罩在尘土和蜘蛛网的面纱之下，并没有想象中那样熠熠生辉，就像弗兰肯斯坦电影中的实验室。但伟大不会遭遇障碍。因此，医学上最重要的进展之一，是在一个亚标准的实验室里，用漂白剂、水桶、海绵、拖把以及两位伟大科学家的汗水和劳动取得的。

不合格的实验室条件只是许多障碍中的冰山一角。在班廷博士和贝斯特发现了胰岛素并证明它可以拯救生命之后，在寻找净化和提取它的方法上，他们又遇到了麻烦。麦克劳德指派化学家詹姆斯·科利普（James Collip）到这个小组帮忙净化。通过去除胰岛素中的有害杂质，同时保持其拯救生命的品质，科利普解决了这个问题。

然而，在这些伟大的科学家中，和睦并不占统治地位。随着人体试验的现实变得越来越可信，班廷和贝斯特与科利普进行了下一步的发展。麦克劳德决定，作为最好的生物化学家，科利普将提供纯化的提取物。因为麦克劳德和科利普都不是临床医生，沃尔特·坎贝尔（Walter Campbell）博士在邓肯·格雷哈姆（Duncan Graham）教授的指导下，监督了临床试验的执行。

当班廷得知这个计划后，大发雷霆。他认为他会是第一个进行临床试验的人。麦克劳德认为，当人类生活处于平衡状态时，优先权就变得无关紧要了。然而，迫于压力，格雷哈姆不情愿地同意使用班廷和贝斯特的提取物，尽管它的纯净程度低于科利普的。1921 年 12 月 2 日，在这一戏剧性的背景下，医生们让一名 14 岁的糖尿病男孩伦纳德·汤普森（Leonard Thompson）来到多伦多综合医院住院治疗。男孩接受了"麦克劳德的血清"，结果宣布这种血清没起到预期效果。

当科利普听说这个计划的逆转时，他认为这是一种个人背叛。班廷告诉大家，因为数量不足，试验失败了，他大声地和不加区分地表达出了他遭遇的不公正和苦难的故事。格雷哈姆鼓励麦克劳德解雇班廷，但班廷的支持者，麦克劳德认为这是不可能的。有一次，麦克劳德对他的妻子说，他应该开始坐在椅子上，鞭笞工作，以驯服他的团队中的狮子。（考虑到班廷在试图与科利普表达自己的不满时，最终诉诸一些激烈的行动，麦克劳德的驯狮计划可能被证明是有用的。）

在所有这些骚动中，科学继续在两条轨道上进行：研究和临床。1月23日，坎贝尔开始给汤普森注射了科利普的提取物。当这个男孩濒临死亡时，那些参与其中的人都认为他的康复简直是奇迹。

在1922年2月，班廷和贝斯特发表了第一篇关于他们发现胰岛素的论文。尽管麦克劳德离开了实验室，并没有参加这项工作，但在1923年，班廷和麦克劳德以"发现胰岛素"被授予诺贝尔奖。班廷再次被激怒，他认为贝斯特，而不是麦克劳德，应该得到这份奖励。班廷最终同意接受这一奖项，但把一半的钱给了贝斯特。而麦克劳德又把自己的一份给了科利普。

在发现胰岛素后不久，美国礼来制药厂（Eli Lilly），这家美国全球制药公司开始大规模生产这种提取物。1923年初，该公司就开始生产足够的胰岛素来供应整个北美大陆，这使得礼来制药厂成为世界上主要的制药公司之一。

这个发现胰岛素的神奇故事，开始于加拿大的一个高绩效团队，他们彼此明争暗斗，却有一个幸福的结局；但是很少有人会认为这段经历是愉快的，更多的是不快乐的。人们很少发现解决冲突的乐趣。这些奖励来自于团队成员的热情奉献，他们完成了控制当时致命的糖尿病疾病的艰巨目标。有两件事使这项研究成为现实：科学家的非凡才能和麦克劳德博士的专心领导。如果没有出现一个强有力的领导者，无数的生命将被白白浪费掉，或者说是直到一个强有力的领导者能够浮出水面，来协调这支高绩效团队的努力和冲突，才不会白白浪费掉无数的生命。[3]

5. 沟通

在2011年世界职业棒球大赛的第六场比赛中，红雀队球员马特·霍利迪（Matt Holliday）犯了一个错误，这是一个让一名高中球员都感到

192

尴尬的场景，他把一个简单的飞球扔到了左外野。当他和拉斐尔·弗卡尔（Rafael Furcal）相撞时，这场比赛看起来更像是一场三部曲，而不是一场世界级运动员的比赛。为什么？霍利迪没有说出来的两个字："我的"。

同样的事情每天都在组织中发生。所谓的"团队"，实际上类似于委员会，无法确定他们的参与者的责任范围。打个比方，他们也会丢球，因为没有人站起来，喊"是我的球"，并任由事情发生。相反，该组织的成员们在一起，忽略了角色的定义，忽视了共同的目标，并且不让自己和他人承担责任。这种行为很典型，几乎让所有人都感到沮丧，更能让那些想要参加更大比赛的顶级球星失去动力，虽然在更大比赛中，人们是不会掉球的。

领导者要做些什么呢？在比赛中，当时的红雀队教练托尼·拉·鲁萨（Tony La Russa）低头一看，摇了摇头。我的棒球专家顾问女婿帕特，告诉我他也有可能会被抱怨。这两种策略都不会对你的团队有帮助。

正如我在第二章中提到的，历史一再告诉我们，尽管冲突会阻碍一个团队的进步，但过于和谐的沟通也并不一定是成功的关键，当它导致群体思维的时候，这种沟通现象有助于解释为什么臭名昭著的猪湾入侵会失败。

班廷和贝斯特说明团队在不善于解决冲突时所面临的问题；托尼·拉·鲁萨团队的决策者告诉我们，过于和谐会产生自己的障碍。开放的、诚实的、响应性的沟通提供了缺失的环节——这种联系允许精英们超越普通的解决方案和结果。

一支不擅于沟通的优秀精英队伍，对你的帮助不会超过一般的精英。如果你真的需要和想要一个团队，那就把他们作为一个团队进行奖励。让他们对团队的结果负责，而不仅仅是个人的贡献。把他们的奖金和报酬与团队的工作联系起来。一个球员不能去参加世界职业棒球大赛，你的任一团队队员也不能请外援代替他去参加。

6. 明确目标

当优秀的个体为了共同的目标而联合起来时，奇迹就会发生。有时，一位杰出的领导者可以像乔治·华盛顿在福吉谷所做的那样，将平凡的人重新塑造成非凡的人物，但当领导者们拥有一流的天赋时，就会出现更多的奇迹。这发生在1980年的冬季奥运会上。

美国战胜了长期占统治地位、备受青睐的苏联人，很快就赢得了"冰上奇迹"的称号，许多人认为这是20世纪最伟大的体育时刻，《体育画报》称这是"美国体育史上最不可磨灭的时刻"。

是什么使它如此神奇呢？首先，在12支参赛队伍中，有7个是有资格参加奥运会的，美国冰球队进入了奥运会；第二，由大学生和业余运动员组成的美国队，面对的强大对手是在前四届奥运会上表现优秀且夺得金牌、具有传奇色彩的苏联球员。

尽管美国队面临着压倒性的局面，但他们并没有把不那么出色的球员放在冰上。一群大学生靠纯粹的勇气和决心击倒了世界上最伟大的球队，这一具有浪漫主义色彩的观点是错误的和不准确的。美国队从一开始就拥有优秀的球员，尽管这些球员在奥运会之前没有名气，也没有受到媒体的关注。

这支球队也有一个坚定的教练布鲁克斯，他在20世纪70年代担任明尼苏达大学的总教练，带领球队获得三个（美国）全国大学生体育协会冠军。布鲁克斯花了一年半的时间来培育奥运代表队，在从几百名选手中制订出一份名单之前，他曾举办过多次训练营。该团队花了四个月的时间，在欧洲和北美举办了一场艰难的热身赛。

布鲁克斯强调速度、协调、不同寻常的战术和纪律，但不受欢迎。布鲁克斯以其暴躁的个性和狂热的准备而闻名，他把以前的对手们团结在了一起，这些对手们经常是反对他自己的。球队在更衣室里和冰上都有一个共同的敌人。

美国人以弱者的身份进入了奥运会，但他们组成了一支有竞争力的团队。在数以百计的候选人中，布鲁克斯挑选了 20 名球员，他们将代表美国创造奇迹。在 20 名球员中，有13 名最终进入了国家冰球联盟。五人继续参加 500 多场的国家冰球联盟比赛，其中有三人参加的比赛超过1000 场。[4]

预备队员？弱者？次佳？不，美国队简直就是一支精湛的球队。布鲁克斯是一个有天赋的教练和前球员，他团结了球队，并产生了一种协同的、奇迹般的效果。但是在我们注意到梵蒂冈这个奇迹之前，让我们记住的是布鲁克斯令人印象深刻的天赋。

商业领袖在从体育巨匠那里学习到经验时表现得很好。体育教练从不试图"拯救"那些没有潜力的球员，他们剔除这些人。这些教练知道，除非他们把最好的球员放在比赛中，否则他们是不会赢的。他们耐心地对数以百计的求职者进行调查，寻找能创造奇迹的少数人。然后，他们坚定不移地致力于培养精英。当世界上最优秀的精英与他们的同类精英竞争时，虽然这不是每年都发生的，是每四年才发生一次，但是也许我们应该让它更频繁地发生在我们的企业中。

这不会因为目标不明确而发生。一个运动队的成员可能有个人计划（我想要得分最多；我希望能引起一名球探的注意，等等）。但是获胜的球队不会让这些进球与球队的目标背道而驰：赢得比赛。在商业领域，除非领导者明确指出团队的方向，否则不同成员会追求自己的目标，这是真正存在的风险。球队中得分最高的球员可能是最耀眼的人，但他们和其他人都知道他们需要队友的助攻和防守。只有通过合作，优秀的精英能赢得团队运动。

7. 协作

在处理一项重大计划时，如兼并或收购，领导者们会意识到他们需要组建一个由非常成功的个人组成的多元化团队，然后强迫他们一起工作。

一个由不同的、受过高等教育的专家组成的团队，往往掌握着挑战性计划成功的关键。矛盾的是，正如前面的例子所表明的那样，成功所需的品质与会破坏成功的因素是相同的。复杂的项目需要不同的技能，但我们倾向于信任大多数与我们有共同点的人。同样，复杂的努力需要高技能的参与者，但他们往往会互相争斗，正如我们从发现胰岛素的团队中所了解到的。当成功取决于凝聚力的时候，领导者需要找到方法，让专家们在高压下、"不重来"的环境中一起工作。

高管们可以通过哪些杠杆来提高团队绩效和协作能力？在对 55 个团队的研究中，他们发现了高度的合作行为，尽管它们很复杂，研究人员格拉顿和埃里克森发现了领导者可以做八件事来建立协作：

· 投资促进沟通的设施和方法。
· 协作行为的模型。
· 导师和教练，帮助人们建立他们成功所需的网络。
· 传授沟通技巧。
· 支持一个强大的社区意识。
· 指派任务型和关系型的团队领导。
· 让一些互相认识的人在一起。
· 明确的角色和任务。[5]

加强组织的协作能力需要在建立关系和信任方面进行长期的投资，以及发展一种领导模式的合作文化。它不会自动发生，但通过仔细地关注一个高绩效团队的八个因素和构建协作的八件事，领导者可以解决复杂的商业问题，而不会导致伴随着优秀员工们合作而产生的破坏性行为。

8. 领导力

一个高绩效团队的形成依赖于两种领导：外部领导者和团队成员之间的共同领导。把外部领导者视为运动队的教练，教练最重要的职责是选择球队，训练他们，然后在比赛中指导他们。在比赛开始时，球队在教练的带领下进行了最后的激励，但是一旦蜂鸣器响起，球员们就要在球场上独立于教练，开始互相依赖。这就是共同领导的开始。然而，有时这种平衡不会发生，而且一个团队总会过于依赖外部教练。

这就是 1954 年在米兰高中发生的事情，当时印第安纳州的一个小镇篮球队赢得了州冠军，这一胜利因 1986 年的电影而出名。在大多数州，高中运动队分为不同的班级，通常是根据学校的学生人数；每个州都有单独的锦标赛。

1954 年，印第安纳州为其所有的高中举办了一场州篮球锦标赛，挑战了米兰高中，但只有 161 个学生参加了他们从未参加过的比赛。米兰是有史以来唯一一个在印第安纳州赢得篮球联赛冠军的学校，而且从那以后，这种情况也再没有发生过。在这种情况下，这是一个例外：外部领导和人才的炼金术必须始终如一地不断地进行，以确保在长期内取得卓越的表现。那些过于依赖外部教练的球队，缺少具有天赋的球员，不能也不会随着时间的推移而取胜。同样，没有外部领导的顶尖精英也不可能成功。

米兰高中在那场著名的胜利前两年聘请了马文·伍德（Marvin Wood）教练，随之而来的是一种新的教练风格。他进行了封闭的训练，这一行为激怒了很多人，并消除了这个城市的篮球狂热人群的主要娱乐形式。这位教练拥有高于平均水平的天赋，尤其是对于一个小镇来说。他对许多为球队效力的男孩们所拥有的不同寻常的天赋感到惊讶，他们是由一个强大的中学计划锻造的精英 6。这支球队以两分的优势赢得了 1954 年这场棋逢对手的比赛的冠军，但在那之后，球员和教练都没有太大的区别。这个故事为一部让人感觉良好、催人泪下的电影提供了背景，但组织中的团队必须做得更好。他们必须多次赢得比赛，最好是超过两分。

记住，与体育团队不同的是，在一个组织中，一个由优秀员工组成的团队并不像他们想象的那样在一起工作。传统上，人们关注的是工作小组的劳动分工；然而，表现最好的团队需要改变一种注重知识的分工范式。

范式——一个成员提供的知识构成，是这个人的贡献和声誉的基础。因此，把团队的集体资源结合起来，就解释了团队的智谋。

一开始，高绩效团队会对外部领导者的领导方向做出积极的回应，但之后就不会了。他们都会不受约束地前进，直到他们遇到障碍时，即当成员之间的领导变得最重要的时候，这些障碍可能与内容、过程、人际交往或伦理有关。当它们出现时，与影响力相关的领导力，以及有效的沟通技巧，提供了一条绕过或跨越障碍的道路。

在我与高绩效团队的合作中，我发现这些障碍往往与模糊责任有关。要么是团队从来没有花时间来概述决策责任，要么就是一个成员试图偏离约定的协议。当我鼓励他们去发明、改造或重审问责制讨论时，通常问题就会逐渐消失。但并非总是如此。这就是外部领导人需要介入的时候。

有大量的研究可以解释为什么领导者会在群体中出现。然而，如果你组建了一支优秀精英队伍，那么就忽略这一切。由于上述诸多原因，精英们以不同的方式组建团队，他们的领导方式也不同。

在最初阶段，精英们争夺"房间里最聪明的人"的地位。这些人已经习惯了在他们的部门里扮演重要的角色，其他人已经学会了依靠他们的专业知识；他们的自力更生和独立解释了他们的大部分成功。就像他们一开始不轻易加入球队一样，精英们也不会轻易放弃权力和地位。然而，他们也不想与"B"球员合作。

领导杰出人物

当谈到接受方向时，卓越者表现出谨慎和克制。他们提供的是天赋、专业知识、纪律和卓越，所以他们希望在那些领导和教导他们的人身上看到同样的品质。圣路易斯红雀队的成员在他们的击球教练约翰·马布里（John Mabry）身上看到了这些特点。

马布里曾是美国职业棒球大联盟的一名球员，他的 3409 次击球生涯中有 898 次命中率，平均击球率为 0.263%，其中包括 96 个全垒打和 446 分打点。在他 14 年的职业生涯中，马布里曾为八支球队效力，其中包括红雀队的三次不同的效力。他以助理教练的身份加入红雀队，并在 2013 年成为教练。在他作为打击教练的第一年，红雀队进入了世界大赛，球队创造了一项新的棒球纪录，以便在得分位置上更有优势。

就像我在第四章中提到的 TOPGUN 训练有素的教练飞行员一样，当他们寻求教练时，职业运动队依靠的是那些有成功经验的人。因为这些杰出者知道如何才能成功，所以他们可以把自己的智慧传授给那些追随他们的人。但是在所有的职业运动中，这些传奇人物是如何将他们的知识和才能传给下一代的呢？为什么他们在体育场馆里如此出色地取得了成功，而很多人无法在公司的环境中达到同样的优秀教练水平？这些就是我问约翰·马布里的问题。

棒球界传奇人物约吉·贝拉曾经说过："90% 的比赛是比心理状态。"马布里表示同意。当一个大联盟球员向马布里寻求帮助时，这位球员已经确信了他的天赋。球场上的每一位球员都有超强的天赋，或许没有人会给他一个机会，但是，根据马布里的说法，这并不能把恒星从"落选者"中挑选出来。

当教练员看着一个年轻的新兵，点头表示同意，并说"他明白了"的时候，他们的意思是他知道如何在比赛的范围内工作，并且知道进行比赛的需要。他必须处理成功和失败，明智地管理时间，利用内在动机，最重要的是，自我调节。这些球员明白，一旦赛季开始，他们通常在一个月里只有一天的休息时间，如果球队进入季后赛的比赛，甚至这一天的休息时间也会消失。

职业球员必须做与其他优秀球员一样的事情：平衡工作和家庭。当他们累了或者感觉不舒服的时候也要工作，长时间与他人一起工作（不管自己是否喜欢他们），职业运动员已经在摄像机前完成了所有的工作。他们必须有信心走出球场，并始终保持着高于平均水平的表现。与其他优秀运动员相比，他们的平均水平更高，并且完全没有发展他们没有学到的傲慢。

那些"懂得道理"的人明白，将会有一些世界上最好的教练来帮助他们，但是纪律和谦卑要求帮助必须来自内部。根据马布里的说法，在这个水平上，教练的效率必须是百分之百的，教练必须等待合适的时间给予反馈（例如，当一名球员在比赛结束后回到休息区时，他不想听到关于投手投掷的见解）。

马布里没有使用"一刀切"的教练方式。相反，他对每个球员进行了几十个小时的研究，以了解对谁说什么。每个人都需要一个稍微不同的方法，每个人都需要不同的风格，这取决于他们在各自的生活中发生了什么。然而，总的来说，马布里确实相信积极增强的力量，并强调了球员的优势。

正如马布里指出的，最重要的是，球员必须信任教练。马布里所描述的那种信任，让我想起了我之前提出的四种信任结构。球员会问自己："你是否有足够的诚信来保持我的信任，有专业知识来指导我，你的表现和反应能力的可预测性是怎样的，以及你对我的成功是否有真诚信念？"所有问题的答案都必须是"是的"。

马布里向那些想要提高自己的教练水平的商界人士提供了以下建议：

·有同情心的教练。想想一个人正在经历什么，在那里他又遇到了什么。

·把你的公司推向正确的方向，而不仅仅是你想要的方向。

·与他人交流你的愿景和蓝图，去做对每个人都合适的事情，而不仅仅是你自己或选择的少数人。

·把辅导认为是对他人的一种服务。[7]

当我指导高管晋升时，我们几乎总是要解决的一个目标是，他们需要为他们的直接下属提供更多的指导和反馈。大多数高管都参加过体育活动，所以在理智上，他们明白接受建设性反馈的重要性。如果没有愿意花时间去看挥拍，做出纠正，然后鼓励一番的专业教练，就没有一个小联盟能遇到约翰·马布里或者像他这样的人。他们都知道这一点，但没能把他们的经历转化给公司。当风险最大化和精英流失严重时，教练和支持就会消失。

渴望领导卓越组织的领导人知道他们必须做得更好。他们明白，在任何一个季节里，他们都可以通过电视来观察他们周围的黄金标准，并见证这些职业教练对他人的发展所付出的艰辛努力。那些发现自己在组织中拥有精英的幸运领导者知道，他们不能依赖于不干涉的、放任自由的领导。没有领导者的帮助，精英们也就不会发光。表现最好的人想要位于你所在行业的世界前列，而普通的领导不会允许这种情况发生。

结论

创造你的星系始于一群恒星，他们的表现区别于普通人，他们的引力使你的组织能够像磁铁一样吸引太阳系中的其他星星。这一切都是从个体开始的，但以一种构建有凝聚力的、协作性的努力的方式，很快就会成为彼此围绕着的恒星。

建立一个优秀的团队，包括欣赏个体成员的个性和如何把他们的个性联合起来，形成一个优秀的团队的独特文化，但是研究一再告诉我们，优秀的人往往是那些更喜欢独自工作的强大的个人贡献者。然而，没有一个人能独自赢得世界大赛，也没有一个人能创造出一种交响乐，所以这些杰出的人很快就会明白，只有通过合作才能实现他们的伟大。成功的商业领袖明白，他们必须在不同的个性和职能之间建立起凝聚力。只有这样，组织才能取得成功，才能保证卓越精英的停留和表现良好。

第十章
整合：如何保证并购战略成功

当公司合并或收购时，如果领导者不精心策划，勤
勉地评估，并认真地整合，一个曾经杰出的组织，
可能迅速走向灭亡。

当公司合并或收购时，利益相关者通常期望利益整体大于其各部分的总和。不幸的是，事实并非如此。1+1 不等于 3；通常情况下，它会把股东的受益转到靠近 0 的错误一边。如果领导者不精心策划，聪明地去获取智慧，勤勉地评估，并认真地去整合，一个曾经杰出的组织，可能迅速走向平庸，或者更糟的是直接灭亡。

一项又一项的研究表明，并购失败率在 70%~90% 之间。许多研究人员试图解释这些糟糕的统计数据，通常是从分析那些有无成效的交易的特点开始。这只是一个开始，但这会让决策者了解导致他们失败或阻止他们的交易的特征。它并不能真正触及规划、评估和整合之间因果关系的核心。

传统上，领导者缺乏一种更全面的方法，来决定如何以特殊优势的方法进行合并，即对成功和失败的原因进行强有力的检验。这一切都是从交易的战略目的开始，并承诺区分可能改善当前业务的交易，以及那些可能大幅改变公司增长前景的交易。收购的一个宝贵战略优势应该会引领我们前进。

制订一个可靠的经营战略

···

　　有机增长战略和获取性增长战略通常在一段时间内存在，但有时一个组织将扩张视为一个长期目标，并将这两种增长形式视为其发展战略的一部分。增长的渴望，对战略的影响是最具戏剧性、最危险的。限制和权衡取代了升级、增加或扩张的愿望，增长的机会似乎唾手可得。因此，感知到的增长机会诱使领导者走上新的方向，这条路会模糊唯一性，触发妥协，并削弱竞争优势。添加新产品、新功能、服务或市场，既迷惑人又吸引人，但如果不筛选这些机会，或者也不根据公司现有的战略调整它们，就会招致麻烦。有机增长助长了自己的恶作剧，但贪得无厌的增长却超越了它，成为一个可能发生真正损害的竞技场。应该谨慎行事才对。

　　企业之所以做出收购决定，原因有很多。一方面，当公司想要提高当前业绩的时候会做出决定来进行收购，以保持较高的效益，或者削减成本。这种收购提供了最基本的结果，但几乎不会改变公司的发展轨迹。这些改进阻止了资产的流失，但并没有真正把大量的资产放到金库中。对于这种交易，首席执行官们往往会不切实际地期望自己能获得多大的提升；他们付出得太多；他们不知道如何在事实之后进行整合。这些交易中的很多方面都不能令人满意，即使它们并没有真正失败。

　　商业领袖们也会做出决定去追求收购，要么为他们的增长努力，要么在对手精疲力竭时取而代之，这两项决定都是为营收增长而设计的。另一个不太熟悉的收购公司的理由是重塑商业模式，从根本上重整公司。几乎没有人知道如何确定实现这一目标的最佳指标，为实现目标将付出多少，以及如何或是否要整合这些目标。然而，他们最有可能让投资者感到困惑，并带来惊人回报。在这种情况下，需要更加谨慎。

　　无论考虑收购的理由是什么，高层领导和董事会成员都面临着挑战，要求提供一种有纪律的方法，一种指导决策的知识框架，一种解决无约束增长的快速、轻松的平衡方式。这需要检查哪些行业变化和客户需求，该组织将对此做出响应，以及将拒绝哪些行业。渗透现有市场、巩固公司地位有助于保持独特性和竞争优势，但压制他们的敌人（竞争对手）的目标通常只提供分散注意力和不明智的妥协。当然，行业的重大变化可能需要一个组织来改变其战略，但是要想获得一个新的局面，必须要有能力找到新的权衡，并利用一个新的互补活动系统。

当管理者感到有动机去追求一种包括收购的新战略时，他们几乎总是想要获得新的资源和能力。有时，这意味着真正的战略方向的改变；在其他时候，它涉及战术的改变。我在第二章中已解释过，任何时候都不应该妥协去决定战略原则和战略优势，至少在没有意识到如果你这么做了，你就是在拿抵押打赌的情况下。

在任何战略举措中，公司都不应放弃其战略原则，即存在于卓越、激情和可盈利能力之间的力量交叉点。这一战略原则解释了为什么客户选择你的产品或服务，你所做的为什么能赚钱，以及为什么人们想为你的组织工作。它是你的竞争优势的基础，是对你的事业产生最大影响的领域。因此，任何威胁你的战略原则的交易都是你想要放弃的。但是，你又应该朝哪个方向走呢？

这一切都始于一个深思熟虑的增长战略目标，一个理性的、数据驱动的决策。它不应该从董事会的指示开始，也不应该从老板或首席执行官的授权到"五年内翻倍"开始。当我听到这种目标时，我的汗毛都竖起来了，这是有充分理由的。推动这种增长目标的日常决策常常会成为让公司垮台的狙击手的子弹。领导者们开始做他们以前从未做过的招聘决定，以及就短期的定价协议进行谈判，而这些交易是无法维持的，他们选择了快速解决方案，而不是坚定地为未来的回报做好准备。

取而代之的是，决策者应该谨慎地制订收购的标准，即那些交易的"必需品"。他们还应该列出并优先考虑这笔交易的"需要"，但要小心地将这些与"必需品"区分开来。这些准则应该有具体的措施，每个人都同意的成功的办法。最后，每个人都应该评估每一个决定性因素的价值。借用我导师艾伦·韦斯之言，我鼓励客户采用 OMV 取向即目标（objectives）、措施（measures）和价值（values）来进行这些讨论：

- ·我们想要做什么？
- ·我们如何才能达成一致？
- ·将会有什么好处？

这笔交易的价值最值得讨论，因为它确实是真金白银的来源。除了为了增长而增长之外，在实际金钱利益方面有什么好处呢？有形的回报是什么？不要把价值和机会主义混为一谈。

收购公司是否仅仅是由于它的存在而去进行收购的呢？这就是国际电话电报公司所做的。从 1960 年到 1977 年，ITT 以一周一次收购的速度收购了 350 多家公司。其中包括喜来登酒店、艾维斯租车公司、哈特福德保险公司和大陆烘焙——神奇面包的制造商等知名企业。在这 17 年中，ITT 公司从一家拥有 7.6 亿美元销售额的中型企业成长为一家拥有 170 亿美元销售额的全球公司。

在 20 世纪 80 年代到 90 年代的 10 年间，ITT 公司继续大举收购，创造了一个雄厚的集团，业务从酒店到水泵。直到 1995 年，该公司通过战略剥离和收购进行了连续的重组，最终 ITT 公司分拆为三个分离的独立公司。[1] 10 年后，该公司被出售，到 2011 年，该公司已分拆为三家独立的、公开上市的独立公司，但在此之前，它是第一家被判犯有刑事违法行为的大型国防承包商。在现实中，连续收购狂潮并没有创造价值，集团变得笨拙，而利益相关者为公司缺乏收购理由和坚实的战略制订付出了代价。

1. 从对可能的未来的全面了解开始

在提到某个公司之前，一旦你得出了你应该获得的结论，先设定一个成功交易的标准。另一方面，在你得出这样的结论之前，你可以把这个标准列表作为你的战略制订的一部分。事实上，我最好的客户创建了这个列表，然后在经济和行业的变化中，在每个关键时刻对这个列表进行增补或编辑。

例如，我工作过的一家大公司发现自己陷入到了一场又一场的劳资纠纷中。他们开始把工作派遣到中国，因为在那里运送材料的成本，在那里完成的工作，然后把成品运回去的成本，远比让他们的工人在自己的工厂做这项工作的成本要低得多。他们没有公开这些信息，也没有公布他们的决定，即进行收购，以允许他们将非工会的公司置于他们的保护伞之下。

在开始认真寻找实际目标之前，他们制订了与劳动相关的标准。当机会出现在一家规模相当的公司来做类似的工作时，他们几乎准备在一夜之间完成交易。他们现在分别经营这两家公司，在不同的州有不同的领导，除了工会代表之外的所有人，每个人都认为这是一笔成功的交易。母公司的规模扩大了一倍，这个目标的成功在商界口口相传，保留其文化和精英，更多的钱最终落入金库。

一种更常规的方法是，母公司从一份标准清单开始，然后开启对潜在目标进行评估的艰巨之旅。有时，这种"约会"阶段需要花费数年的时间才能步入"婚姻"殿堂，尤其是那些拥有家族企业的小型企业，它们对想要保住自己位置的员工和家庭成员有着强烈的情感承诺。这类公司的领导者想要确保他们在向你提供父母或祖父母的遗产钥匙之前，做出有悖伦理、道德、社会责任的商业决策。他们手把手式和一再确认式的需求有时是不切实际的，超出了典型的公开交易甚至大型私人企业的需要。

2. 对可能的协同效应持现实态度

考虑收购的人使用"协同"这个词，就好像它代表了一种被收购的神圣不可侵犯。但这个词经常出现在飘渺的想象中，而不是一个现实的场景中。

当你考虑协同作用时，你能详细证明你希望它能达到什么目标吗？你需要看到什么样的确认？有什么证据表明协同效应会发生？你可以衡量和量化诸如降低成本之类的事情，但是销售增长的协同效应会更加难以计算和实现。大量的研究告诉我们，企业不能通过削减成功的方式来获得一般的商业经验。无论收购是否发生，收入的增长、更多的收入和更多的利润创造了战略成功的模式。

3. 识别陷阱门

那些过去成功收购的公司已经意识到，有效的尽职调查是成功的关键。几乎每个人都同意你必须从事财务和法律尽职调查，也有人建议我以后再讨论一些其他类型的评估。

然而，在战略制订阶段，你会想要从事所谓的商业尽职调查。也就是说，你想知道市场或竞争的不确定性将如何影响一个公司的价值，在不久的将来实现利润和收益的可行性，以及基于新产品、客户或市场来预估假设的成功收益的有效性。

德勤是一家专门帮助客户进行并购的公司，该公司建议进行以下的商业尽职调查：

·评估未来市场趋势、企业的竞争实力以及这些趋势的潜在驱动因素。

·分析客户和他们的关键购买标准。

·根据市场和公司分析，预估假设的可实现性。

·雇用一个并购专家或并购战略团队，来分析交易的买卖双方。[2]

有时，母公司的内部官员试图自己做大部分的尽职调查，但我不鼓励这种做法，原因有两个：第一，除非你的团队参与了大量的收购，否则他们在这个领域缺乏专业知识；第二，你的领导职能可能有足够的工作要做，而不需要增加额外的工作来检查另一家公司。收购期间，在并购交易失败的案例中，对母公司的关注导致了太多的失望。

在1987年，费兰蒂公司在收购国际信号和控制（ISC）时忽略了另一种陷阱门，这是一家总部设在宾夕法尼亚的美国国防承包商。在费兰蒂的高级领导人不知道的情况下，ISC的业务主要是在美国多个秘密组织的要求下，开始非法武器销售。名义上，这家公司在销售高价的"光明正大"的项目上看起来非常有利可图，但事实上，这些利润并不存在。随着对费兰蒂的出售，所有非法销售立即结束，使公司没有明显的现金流。

1989 年，英国严重欺诈办公室开始着手对 ISC 大规模欺诈案进行刑事调查。1991 年 12 月，ISC 的创始人兼合并后公司的联合主席詹姆斯·吉林 (James Guerin) 对在美国和英国的欺诈行为供认不讳。美国的审判涵盖了所有可能成为英国起诉的罪行，因此没有英国审判。但由此造成的财务和法律上的困难迫使费兰蒂于 1993 年 12 月宣布破产。[3]

如果费兰蒂公司进行了商业尽职调查（CDD），并与少数（不存在的）客户进行交谈且没有单凭毕马威会计师事务所的审计，它就不会因为收购 ISC 而宣布破产。在总计 2.15 亿英镑的欺诈案被发现前数周，毕马威已经向费兰蒂公司发出了清白的信号。毕马威的审计人员没有预料到欺诈行为，所以他们并不期望看到这一点；然而，如果决策者从事或聘请了一位专家进行更多的商业尽职调查，他们就会意识到客户和关键购买标准都是不存在的。事后，有关分析人士承认，欺诈行为是经过精心设计之后来执行的，非常谨慎和熟练。两个虚构的合同，一个是阿拉伯联合酋长国，另一个是巴基斯坦，是为了欺骗会计师来接受某种利润——一个根本不存在的利润。

但是尽职调查不仅仅是发现问题。特别是，良好的商业尽职调查能够识别并量化协同效应，帮助收购方通过明确的假设来评估业务，并为谈判提供有用的信息。非常重要的是，商业尽职调查应该识别陷阱门和关键整合行动。

4. 促成交易

为了避免阻碍交易，许多必要的评估必须从战略制订阶段开始。首先询问是否所有必要的内部和外部流程和关系都已经准备就绪。如果这个组织在某个时刻牢牢地把握住了热情和激情，就像他们经常做的那样，来一场收购，不管多么糟糕，形势很快就会变成一辆失控的火车。不要让火车过早地离开车站，同时，不要用不合格的内部审批、陷入停滞的流程或尚未出现的监管审批来阻挠铁轨的运行。最重要的是，避免惹恼卖家，让竞争对手溜进来；让令你沮丧的失意目标远离你。不熟悉的卖家会对他们不熟悉的一般条款失去耐心和信心；同样，如果在交易最后的关键几天，关系破裂，一个不可预知的陷阱之门将会在地球上打开，所有的玩家、他们的善意和尽职调查将会失败。当企业还在自我鼓励时，金钱就已经从先锋交易者的指尖溜走，这一切发生得如此之快。

5. 战略实施

当研究人员调查商业领袖关于为什么并购活动失败的看法时，他们往往将实施作为问题的主要原因。不是着眼于收购策略，而是将其归咎于实施；不是着眼于原因，而是归咎于效果。失败的原因可能在执行阶段出现，人们就会急切地跳上"不兼容的文化"潮流，而实际上，领导者并没有彻底或有效地评估他们想要购买的东西。

如果决策者已经批准了此次收购，那么就应该从整体上着手解决这一问题。人力资源、IT、法律和财务应该与业务部门紧密合作，以确定整个并购过程所需的具体角色和职责，但这并不仅限于此。职能部门和商业领导必须清楚地认识到，他们的角色不仅会在收购过程中发生变化，还会在收购之后发现他们的生活是如何进行永久的改变的。这一切都是从对新业务的清晰理解开始的。

然而，所有有形的利益都不是用金额来计算的。有时，公司将享受到吸引优秀精英、降低离职率、关键客户等相关的切实利益；有时，价值将与首席执行官及其直接报告或公司本身的无形利益相关。例如，公司可能在业界享有更高的声誉或更高的客户满意度。有时，高级领导人发现自己置身于一场他们从未打算玩的游戏中，就像 ITT 公司的领导人那样。在其他时候，当母公司把自己定位成一个更大、更有价值的游戏时，他们就会得到意想不到的奖励。这就是企业所做的。

2007年，企业租车公司迎来了他们的50周年纪念日，并且有很多值得庆祝的事情。他们拥有90多亿美元的全球收入，是世界上最大的汽车租赁公司，也是美国最大的家族企业和运营公司之一。2007年2月，当企业拥有者得知他们的两个最大的机场竞争对手，先锋集团（拥有国家汽车租赁公司和阿拉莫汽车租赁公司）和廉美租车公司合并时，这一切都改变了。这一项交易如果达成，不仅会损害企业的增长战略，还会给企业拓展机场业务的目标设置一道几乎不可逾越的障碍。

企业有一个强劲的增长战略，并意识到想要以自己期望的速度继续增长，他们需要提高他们的机场出租份额，所以他们立刻意识到，四个庸散的竞争品牌结合成一个竞争对手的威胁，即一个庞然大物，这将危及他们最大的努力。而这并没有发生。相反，在8月1日，安迪·泰莱（Andy Taylor）签下了收购先锋集团的文件。之前不到六个月，他在《纽约时报》上读到自己的竞争对手打算合并的文章。[4]这笔交易在不到三年的时间里就完成了，而这三个品牌的总收入现在已经超过了160亿美元。在六年的时间里，其他许多公司都已关门大吉了，或者希望得到他们的收购。

企业的成功并不存在神秘、秘诀，或难以获得的准则。这些成功的企业做的大部分事情都是正确的和快速的。他们有一个明确的对收购保持开放的战略。其次，企业高层很少有官僚作风，所以高层领导能够在前所未有的时间框架内对行业趋势（先锋集团和廉美租车公司的拟议合并）做出响应，并且高级领导人认识到必须遵循收购之后的规划、评估和整合。

评估

尽管这一节专门讨论在并购过程中评估的作用，但在决定收购之前、期间和之后，目标公司的评估、估值和评价都应该发生。评估既没有"开始"，也没有"开始日期"。相反，它涉及一个循环的、可持续的过程。

重新评估新信息：当新事件形成现实时，对现有数据重新评估。在任何时候，母公司的战略目标都必须成为所有海上船只的灯塔，这是一个指路明灯，将显示出通往成功的道路。

任何关于战略的讨论都应包括对公司战略力量的审查，这种力量是驱动企业的战略和管理公司的策略。特里戈和齐默尔曼把这种力量描述为公司的推动力："决定未来产品和市场范围的主要因素。"这种驱动力有助于你理解为什么你从业于这家企业，而不是另一家；为什么你生产的是这类产品，而不是其他产品；为什么你服务的是你所处的市场，而不是其他市场；它还可以帮助你评估你自己公司的驱动力是否与你所考虑的目标公司的驱动力相匹配或补充。"驱动力"概念是战略管理主要产品和市场选择的关键，而这正是你的组织必须解决的问题，它是你在考虑合并或收购时所面临的战略决策的试金石。[5]

当母公司的高层领导做出战略决策时，无论是有意识的还是无意识的，他们已经就驱动力达成了一致。通常，领导者会利用组织的驱动力，作为未来替代方案生成和评估的一块试金石，因为它提供了一种开发、指定和理解不同可用替代方案的机制。例如，麦当劳的驱动力就是分销的方法。人们去快餐店不是为了美食、佳肴或氛围，他们想要便宜的快餐，不用离开汽车就可以买到。因此，当麦当劳的决策者考虑替代方案时，他们通常会停留在行之有效的框架内。

当高层领导考虑收购时，他们需要指示的明显化和讨论的具体化，而不是抽象的。他们应该首先检查他们自己的驱动力，并推测他们如何从增加或补充中获利。但他们也将审查任何在收购后与之相关的潜在威胁，这是在尽职调查中经常被忽视的一个方面。就像接受希波克拉底式誓言的医生一样，收购决策者首先不要轻举妄动，他们不能推断收购后的利益，只是因为乍一看，公司的战略似乎是一致的，他们的驱动力是兼容的。他们必须挖掘证据来支持他们的希望。因此，除了权衡他们希望获得的一般利益之外，高级领导人也会亲自和专业地去研究以下的驱动力和战略因素，以确定他们的生活和在他们指挥链中的员工的生活，将如何随着收购而改变。

1. 市场服务

市场是一个拥有共同需求的当前或潜在的买家群体。一个以市场需求为驱动力的组织将提供一系列的产品，来满足市场上客户的需求。这些公司将不断地寻找替代方式来回应这些客户。

考虑到这一点，要了解目标公司是否作为其战略的一部分服务于某个特定的市场，首先要问："他们卖给谁？""是什么推动着利润上升或下降"以及"公司内部又发生了什么"？企业有答案，惠普公司却没有。

当企业考虑收购先锋集团时，他们发现了明显的市场份额：国家汽车租赁公司和阿拉莫汽车租赁公司在全国范围内都已经建立了自己的市场。此外，无论是阿拉莫汽车租赁公司还是国家汽车租赁公司都不是机场租赁的主要竞争者，这意味着它们实际上与企业设施、技术或人员没有重叠。

搞清楚这个商家销售的真正原因，这也是有帮助的；卖家可能已经发现了市场中一个不明显的问题。当互联网投资者和传统企业收购了新的经济初创企业，并对市场进行了戏剧性的误判时，这种情况似乎就会发生。人们往往会在短期内高估新技术和其他市场变化的影响，但从长远来看会应该低估它们一点。

企业收购先锋集团带来的不仅仅是市场份额：它在企业的保护伞下带来了关键客户，即带来了非常不同的客户。国家汽车租赁公司吸引了商务旅行者，有时被称为"租赁专家"，因为他们想要尽可能地快进快出他们的车辆，而不需要停下来填写表格或排队。这些客户愿意为这些福利支付额外的费用，翡翠俱乐部是预订和回头客的主要驱动力。另一方面，阿拉莫汽车租赁公司吸引了那些前往拉斯维加斯和迪士尼世界等地的度假者，他们通常来自美国以外的地方。它的客户通常在网上寻找便宜货。每个品牌都有重要的价值，并向顾客提供对他们最重要的东西。

2. 提供的产品

以产品和服务为驱动力的公司不断地问自己："我们卖的是什么？"这些组织的高级领导人意识到，产品或服务在公司的未来中起着关键作用。因此，对于这种类型的公司来说，最赚钱的策略是继续提供与现有产品类似的产品，领导者们寻找新的方法来改进这些产品。例如，可口可乐公司自125年前成立以来，在软饮料行业已经拥有了第一或第二的位置。它最初是为了医疗目的而开发的，但它迅速占领了软饮料市场，成为世界上最知名的品牌。

可口可乐公司的决策者们在他们的投资组合中增加了新产品，包括可乐、运动饮料和果汁，他们甚至在网站上介绍了一些食谱，其中包括可口可乐作为配料的食谱。他们通过改变趋势来改进下一年的模式，比如在配方中加入香草或樱桃，但是他们并没有偏离他们的成功模式：开发软饮料和人们用来娱乐的类似产品。

当公司渴望与一家提供类似但不完全相同的产品和服务的公司合并时，会出现诸多未曾预料的情况。在2005年，当易趣网以26亿美元的价格收购了一家名为Skype的互联网新贵，希望线上买家更喜欢视频通话而不是电子邮件时，这事就发生了。

高级决策者推断，线上买家和卖家都想彼此交谈。他们学到了一个艰难而昂贵的教训。在经历了四年的不称心之后，易趣网以亏损的方式向私人投资者出售了65%的Skype股份。易趣网最终挽救了大部分时间，并挽回了部分亏损，这使得一系列交易变得不那么尽如人意，但也不是完全令人沮丧。[6]

除了评估一家公司的产品之外，还要考虑它的生产能力。生产能力包括制造特定产品所需的制造技术、工艺、系统和设备，以及改进这些工艺的能力。目标公司的产品在提供现有生产系统和设备的同时，也可以不同于收购方的产品。

3. 销售和分销方法

　　除了评估目标关键客户外，企业高管还审查了先锋集团销售服务的方法。毫不奇怪，先锋集团对机场运营有了更深入的了解。在奥兰多、洛杉矶和其他大型机场，国家汽车租赁公司和阿拉莫汽车租赁公司的管理者每天都要经手数千次的租赁交易，他们的系统和流程比企业的规模要大得多。经过全面的评估，企业高层领导最终采用了先锋集团的方案，因为他们确定先锋集团的方案比企业现有的机场租赁要好。

　　产品到达客户的方式，以及配套的系统和设备，推动了这类公司的发展。有时，这种驱动力可以与另一种力量结合在一起，形成比个体实体更大的东西，就像它与企业一样，但有时也不会。即使人们知道女童子军饼干（Girl Scout）的利润会保持不变，他们会在超市的货架上买女童子军饼干吗？令人怀疑的是，女童子军饼干成功背后的驱动力，与将其销售给邻居的小女孩有关，而与实际产品或其他驱动力没有任何关系。

　　收购那些为忽视分销方式的重要性而付出了巨大代价的公司，正如桂格燕麦公司（Quaker Oats Company）所做的那样。在 1997 年，以一些分析师称为"记忆中最糟糕的收购"结尾，桂格燕麦公司以 14 亿美元的价格将斯奈普饮料品牌（Snapple）卖给了三弓公司（Triarc Companies），这价格是低于桂格在 1994 年为这家饮料公司支付的价格的。

　　桂格燕麦公司收购了斯奈普饮料品牌，它在水果和茶饮料市场上曾是一个成功的先驱，当时"新时代饮料"的销售增长正在放缓。从一开始，批评人士说，桂格至少要付出多于斯奈普价值 10 亿美元的代价。

　　桂格集团的高级领导们率先开始了一项新的营销活动，并开始向每一家杂货店和连锁餐厅介绍斯奈普。但他们破坏了自己的努力，破坏了与斯奈普的独立分销商的关系。桂格集团很快发现，超市和连锁店的销售技巧，在一个此前依赖于向便利店、加油站和类似商店销售的行业中，几乎不起作用。

随着收购的多米诺效应变得明显起来，他们的努力失败了。斯奈普在小型独立商店的销售上取得了成功，该品牌在大型食品杂货店里是无法拥有自己的品牌的。此外，随着斯奈普的困境掩盖了桂格集团的其他业务，包括佳得乐和该公司的谷类食品和包装食品的强劲表现，桂格集团的股票，在整个股票市场翻番的情况下，却停滞不前。在仅仅 27 个月的时间里，桂格燕麦公司以 3 亿美元的价格出售斯奈普，这家公司拥有斯奈普的每一天都在损失 160 万美元。许多高管失去了工作，包括首席执行官威廉·斯密斯堡，其声誉受到了影响。[7]

4. 新技术选择

当技术驱动一个组织时，该公司只提供源自或利用其技术能力的产品和服务。在这样的一个组织中，技术决定了产品提供和市场服务的范围，而不是产品和市场决定技术。技术驱动的组织为其技术寻求各种各样的应用。它是通过从这项技术发展的产品或服务来实现的，或者是将其技术卖给那些开发更多产品或服务的人。

该公司并不总是启动技术突破，许多技术驱动的组织专注于将其他领域的突破转化为各种应用。例如，美国疾病控制中心不参与所有的尖端研究和开发来对抗疾病。相反，它是这些突破的应用渠道，保护着美国人的健康。

在 2005 年，斯普林特（Sprint）公司斥资 360 亿美元收购了 Nextel 电信公司的大部分股份，以扩大其使用基数、提高收入，并打造一个无线发电站。正如 Sprint 和 Nextel 计划的那样，"对等合并"从来没有出现过。

两家公司都认为，他们能够快速合并客户，并赶超威瑞森（Verizon）公司和美国电话电报公司，但 Nextel 公司的网络运行技术不同于 Sprint 公司，这使得合并后的公司难以优化其无线基础设施资产。Sprint 公司不得不把它的接收机安装到 Nextel 公司所有的基站发射塔上，反之亦然。多年来，Nextel 公司的"一键通"推送通话技术变得不那么受欢迎了，客户也开始陆陆续续地逃离网络，就像 Nextel 的高管们一样。

Sprint 公司最终在 2013 年 7 月关闭了 Nextel 网络，最后一击是以软件代码的形式出现。Sprint 公司多年来一直计划关闭 Nextel 低效的第二代技术，让无线电波用于更新、更赚钱的数据服务。关闭还消除了在竞争激烈的无线行业中维护多种网络技术的负担。许多人把这次收购的失败归咎于"文化差异"，但这为一个具体的原因提供了一个泛泛的解释，真正的原因是未能评估两家公司的技术驱动力是如何不同的。[8]

5. 财务协同效应

有时，一家收购公司会评估一个目标，并确定产品、服务或服务市场是否紧密地结合在了一起，以使其能够投入市场。他们希望这一举措能帮助他们创造更多的利润，结果却发现他们已经跌入了深渊。例如，在 2008 年，富豪投资家纳尔逊·佩尔茨（Nelson Peltz），这位阿比烤牛肉三明治餐厅的老板以大约 20 亿美元的价格，收购了以定制"方形火腿汉堡包"和"巧克力甜点"而闻名的温蒂（Wendy）汉堡快餐连锁店。在经历了两年混乱的日子后，温蒂卖掉或剥离了业务，裁减了公司员工，并由于一名妇女谎称她在自己的辣椒中发现了一根手指，使其健康形象招致了致命的打击。

合并后的公司未能实现财务协同，在大衰退时期，它在 10 个季度中有 7 个季度是在亏损。几年后，也就是在 2011 年，方形汉堡和烤牛肉三明治的"联姻"结束了，但随之而来的是更多的金融困境和角色逆转。阿比（Arby）公司最初是这段关系中的"追求者"，最终却抛弃了"情人"。[9]

美国银行（Bank of America）也了解到，如果没有全国金融服务公司（Contrywide），它的境况会更好，尽管他们对产品、市场和销售的方法曾经是相似的。作为最大的抵押贷款机构，全国金融服务公司率先向少数族裔和低收入社区提供贷款项目。但到了 2008 年初，随着抵押贷款泡沫的破裂，该公司受到不良贷款的拖累，需要一个买家。时任美国银行首席执行官的肯尼思·D.刘易斯（Kenneth D. Lewis），看到了一个以低廉价格收购该公司的机会，这是导致大量赤字的许多支出中的一笔。

2008年1月，美国银行同意向全国金融公司支付40亿美元，这是一笔交易。两年后，当惩罚开始时，这笔交易很快就变得苦涩起来。2010年，全国金融服务公司因对"现金拮据的借款者"过度收取了1.1亿美元的罚金，在此之后的两个月，该公司同意支付6亿美元来解决与股东的诉讼。两个月之后，美国银行支付了2000万美元，以弥补全国金融服务公司前首席执行官安吉洛·莫兹洛（Angelo Mozilo）与美国证券交易委员会所达成的6750万美元的民事欺诈和解协议。

3个月之后在2011年1月，该公司支付了超过25亿美元来购回有问题的抵押贷款，并解决了房利美公司和房地美公司的索赔问题。整个2012年，美国银行支付了超过220亿美元的和解费和罚款。[10]

更稳健的金融尽职调查能否将美国银行从这种命运中挽救出来？我们很容易推测和放一回马后炮。但有一件事是清楚的：即使当收购目标的策略与精简资源、整合成本或调整产品有关，收购公司也应该超越书本，审视目标文化中的内容。

财务业绩，即明确关注收入增长而不仅仅是成本控制，是评估并购成功的最重要的一个等级。因为即使是收入上的微小变化，也可能超过计划成本，成为重大变化，但是在收购之后，销售额的陡然下滑也将是你经历的最糟糕的事情之一。不幸的是，由于新合并的团队和客户群之间的混乱，领导者们发现收入、利润和销售中的这种下降都是非常普遍的。很多时候，你永远无法弥补这些损失。

因此，为了实施战略和收入增长，应立即和无情地将销售势头捆绑在一起，尤其是与关键客户捆绑在一起，把这当作头等大事。新的业主，不仅仅是销售队伍，应该在客户面前脱颖而出，告诉他们发生了什么，并让他们放心。令人惊讶的是，这种情况很少发生。但是，如果你不控制信息，使之成为客户想要听到的信息，那么谣言和消极的假设将会填补这一空白。这一步骤形成了评估和整合之间的自然联系。

整合

整合计划对客户有详细的了解吗？收购者很容易陷入这样的陷阱——他们过于专注于内部重组，以至于他们忽略了最关键时刻的客户。母公司是否考虑过综合效益？如果是这样的话，高级领导人应该制订一个计划，作为评估工作的一部分，并使自己能够迅速采取行动。然而，这种情况往往不是自动发生的。在最终达成交易的过程中，整合往往会持续到最后一分钟，或者完全被忽略。

评估母公司的战略和战略力量为目标战略的审查奠定了基础。只有在高层领导人从对两家公司的全面评估中收集数据之后，整合过程才会开始。这一过程将会回到更具有战略意义的问题上，这些问题将展示文化差异、企业应该整合的各个部分，以及应该保持独立的部分。然而，并非所有的并购都需要整合。有时，母公司会决定把新收购的公司作为一个独立的实体来运营，而不打算加入任何计划。更常见的是需要进行一些整合。

专家团队通常与职能部门合作，整合 IT 系统、人力资源系统和财务报告协议。然而，就像经常发生的那样，这些公司忽略了并购失败的最重要原因之一：对文化差异的理解不足。

正如我在第三章中所解释的那样，企业文化涉及一个公司在一段时间内采用并适应的共同假设模式，即他们解决了问题，并适应了周围的世界。在并购过程中，我们的目标是加入两家公司，它们可能以不同的方式适应这个世界。当这种情况发生时，问题就出现了。

文化差异会影响并购交易的成功，就好像每个人都用同样的方式定义文化。为了使局面更混乱，许多人将文化视为某种复杂的、抽象的、含糊不清的力量，在你开始融合公司经营方式的跋涉之际，你可能会遇到这种情况。尽管在任何重大交易中，文化的各个方面都在发挥作用，但阻碍并购交易的文化差异与公司盈利方式的信念有关，而与客户和互动的关系没有那么密切。

一些作者提到了"不兼容的商业模式"破坏了交易，但这到底意味着什么呢？这意味着，当公司以截然不同的方式赚钱，做着截然不同的事情，而没有人能认识到或解决这些差异时，合并后的公司就可能会出现风险。虽然决策者应该考虑目标公司的使命、愿景和价值观，但更重要的是，他们应该问以下这些关于目标公司的问题，即"关键的五个因素"：

· 他们是如何赚钱的？
· 谁是他们最好的客户？
· 他们为客户提供了什么价值？
· 他们如何做到这一点？
· 未来会带来什么？

我发现，公司的领导者们在决定是否收购时，往往无法为自己的公司回答这些问题，所以他们当然不会考虑询问其他公司的五个关键因素。因此，人们不希望这两家公司的答案能引导企业进行无缝整合。下面是一些提问的方式，这些问题将决定你可能会面临哪些重要的文化差异。

1. 他们是如何赚钱的

高层领导应该在战略制订阶段开始问这个问题，继续通过评估来问这个问题，并且在整合决策开始浮出水面时，不要放弃它。"我们真的了解这项业务是如何赚钱的吗？"同一市场中的不同公司出于不同的原因赚钱：在零售业，沃尔玛（Wal-Mart）专注于低廉的价格，诺德斯特龙（Nordstrom）百货专注于客户服务，内曼·马库斯（Neiman Marcus）奢侈品专卖店专注于卓越品质。由于不同的原因，每家公司在同一行业都取得了成功。为了确定一个目标是否会增加或补充你的商业模型，你需要花时间去理解目标是如何运作、如何赚钱的，以及它可能会失去什么。通过这种分析，收购方必须对母公司和目标将如何整合到新的联合业务中进行全面的评估，即在新的联合经营中，业务拓展和商业开发要获得收益。

公司以多种方式赚钱，成千上万的商业书籍可以向您展示各种公式，来决定财政收入、成本节约、现金流以及投资和资产的收益。当交易进入尽职调查阶段时，财务人员将有无数的镜头来检查这个组织的财务状况。但你也必须考虑这些财务决策是如何影响所有员工的行为的，从高级领导团队到整个指挥链。

每个级别的员工都能告诉你公司的使命宣言吗？当我向来自不同公司的200人询问这个问题时，仅有3人自豪地举手宣布，该公司的高管们能够记住使命宣言，而其他197人则安静地坐着。然而，当我请这些人告诉我一个巨无霸汉堡上有什么东西时，听众异口同声地说："两个牛肉肉饼，一个特别的酱汁……"换句话说，一个在电视上播放没有超过20年的广告，在他们的记忆中比自己的使命宣言更重要！如果你像大多数听众一样，你就失去了战略方向的基本要素。如果你的目标公司的领导人也不知道他们的目标，你有什么机会使得你们的进度同步，达成一致呢？

除了定义组织身份之外，使命还会随着时间的推移而发展。虽然它应该抵制变幻莫测，但随着外部环境的变化，领导者必须调整使命宣言，因为他们认识到如何将目标转化为实践。换句话说，使命宣言帮助你了解你是谁。成功的组织有明确的目标感，它定义了长期的方向，这样他们就不会让短视行为危及他们的最大努力。

你还想知道他们是否有一个明确的未来战略，一个计划，他们必须做些什么来赚钱。你还应该发现关于目标的广泛共识，并有迹象表明，领导团队已经记录了他们渴望达到的目标。理想情况下，你应该发现，其他的组织会改变他们与你的目标公司在行业中竞争的方式，但是如果公司是待售的，那么这可能是不现实的。无论你对你的问题有什么答案，有一个结论是我们都应该清楚的：我们可以与这家公司合作，来调整我们的使命、愿景和战略，这样我们就可以开始快速赚钱了。

2. 谁是他们最好的客户

由于显而易见的原因，现有的客户基础使公司从战略的角度来看是有吸引力的，但从文化的角度来看，决策者需要超越客户，来了解目标公司如何与他们互动。你会想知道目标公司的高层领导是否会倾听他们客户的意见，以及客户的意见是否会直接影响到改变决策。你需要证据来证明公司的高管们所了解的——他们的客户想要什么，他们期望什么，他们在影响决策过程中扮演一个什么角色，以及如果他们离开了，哪些客户会想念他们。

尽管这是重要的第一步，但这不仅仅是去理解他们的价值主张。你会想知道，公司的领导们已经听取了客户的声音，并让这个声音指引他们的方向，他们了解自己的客户，满足客户的需求，并预测客户的需求。这些信息将帮助你更好地理解他们过去提供的价值，并有可能在将来也提供。

3. 他们为这些客户提供了什么价值

当我与其他顾问合作，帮助他们决定他们的价值主张时，我鼓励他们从一般的建议开始："我改善了客户的条件。"这有助于他们专注于满足客户的需求，而不是销售他们的流程或系统，不管这些流程可能有多么好。随着咨询师的发展，他们通常会选择一些更具体的技能和兴趣。例如，销售专家可能会说，他帮助公司增加他们的市场份额；一位高管教练可能会说，他帮助那些想要提高自己业绩的高管们。在每一种情况下，顾问都清楚地阐明了他如何改善客户的状况。

因此，你的目标公司应该向客户传达的是，因为他们使用了这种产品或服务，所以他们的情况会更好。有时公司会销售一种产品，所以你会想要了解为什么销售的是这种产品或服务，而不是竞争对手的。

但是你不会使用相同方式去雇用一个脑外科医生或者买一辆宾利汽车。如果你发现自己需要一位脑外科医生，那么你会希望你能得到最好的外科医生。如果你有能力支付最好的外科医生的费用，那么成本就不会在考虑因素中发挥出太大的作用，你所考虑的只会是医生的名声、经验和成功率。如果你在市场上买一辆豪华车，你会考虑其他的东西，而不是一种基本的交通方式。

当你审视你的目标公司的品牌和声誉时，你发现了什么？他们对竞争对手和商业或行业环境的其他变化有良好的反应吗？他们在谨慎冒险和收益方面的记录如何呢？你看到他们继续学习和成长的证据是什么？再次，如果该公司要出售，新闻报道的并不都是一些好的方面。所以，当你同时确定这些是什么的时候，你会想要评估他们是否愿意改进他们的流程和协议。这种适应的意愿将有助于或削弱你整合这些文化的努力。

4. 他们是如何提供这种价值的

除了了解他们是如何为客户创造价值之外，你还需要了解他们实现战略目标的策略是否与你的策略相配。什么样的资源，比如先进的研究开发或思想领袖，他们有一些什么样的明智的使用，是你可以利用的？他们如何赋予员工权力，让他们参与到目标中去？让事情保持正轨，哪些关键是你必须保留住的？他们拥有哪些专利和其他知识产权？什么规程和流程对他们有好处？这些问题的答案可以做两件事：首先，你要明白，在他们神圣不可侵犯的东西中，哪些是你要留下备用的；第二，你可能会发现一些方法来改善你自己的经商方式。

组织的不同职位和部门能很好地配合吗？部门或团体的界限会影响合作吗？他们的团队定位和个人贡献价值有何关系？有些公司有一种"上

升"或"走出去"的心态，而另一些公司则为那些从不希望承担管理责任的独立贡献者腾出空间。他们是否已经在培养优秀人才方面进行了投资，并阻止他们把自己的才能带到竞争中去？你会想要了解哪些关键精英需要留下来，你也会从他们的晋升程序和继任计划中获益。

整合的最大障碍之一是改变——改变本身，它带来的恐惧，以及它发生的速度。交易双方都希望改变，当人们不知道这些变化是些什么之时，或者当人们不知道这些变化什么时候会发生之时，恐惧就会浮现出来。在这些危急时刻，优柔寡断将是你的敌人。

对优先事项的强硬呼吁应该立即发生。否则，人们会发展出一种"接下来会发生什么"的恐惧，既影响士气又影响生产力。因此，通过设置优先级来消除不确定性，并快速提升价值。

你需要一个计划来传达关于改变的信息，这是太多公司忽视的另一个步骤。在任何并购交易中，压力都很大；组织的各级人员都曲解了信息，谣言也散播开来了。重复关键信息，避免炒作和空头承诺。

5. 未来会带来什么

在医院里，每个晚上，护士们会例行探视病人的房间，探查生命体征，寻找病人健康状况好转或恶化的迹象。如果情况恶化，护士会立即通知医生制订新的手术方案。同样，如果病人表现出明显的改善，情况也会发生变化。企业可以从这个医疗方案中学到很多经验：定期监控，然后根据需要进行小的、相关的调整。如果他们这样做了，就能在偷偷打开眼界的同时发现挑战和机遇。但通常情况下，高级领导人会等到这些"幸运"来敲开大门。

如果你在 2002 年评估过布洛克巴斯特（Blockbuster），而网飞（Netflix）公司处于起步阶段，网络还是新生技术时，你问了前四个关键问题，你就会把公司作为收购目标。但是，如果你问他们是否准备好了去应对新兴的分销系统时，你会觉得他们对自己是否有能力维持自身价值都不那么有信心了。如果你有先见之明，你可能会预测到他们六年内会不合时宜，并且九年内会破产。在过去的五到七年里，同样的测试也适用于音乐和出版行业的公司。

6. 对员工和继任计划进行复杂的尽职调查

大多数母公司都认真地专注于业务系统的整合，而忽略了交易中更重要的部分：人员的同化。一两年后，高层领导人可能会意识到，他们本应该采取些不同的做法，但到那时，可能会造成很大的损失。

在收购之前、期间和之后，我都帮助客户在收购过程中的每一个转折点上做出决策。例如，在 2002 年，约翰·泰森（John Tyson）的公司收购国际牛肉产品后，我是直接与他合作的八名成功规划专家之一。以下是约翰·泰森告诉哈佛商学院记者的关于我们工作的内容：

这位首席执行官意识到，他对领导力发展的临时方法并不奏效。他成立了一个高级管理工作小组来研究这个问题。这个团队包括他自己、他的直接下属以及一组外部的成功规划专家，他们在那里是为了确保客观性和高标准，并帮助促进购买。专家小组成员认为没有什么是理所当然的。他们坐下来，拿着一张白纸，为泰森勾勒出他们理想的领导发展系统。他们制订了一系列的继任计划和领导力发展蓝图，确保有前途的领导人能够精通公司业务的各个方面，并把继任计划和领导力发展的责任完全放在约翰·泰森的直接下属肩上。泰森回忆说："各级领导要么参与，要么退出。"他还说不能对新精英开发系统贡献自己的时间和精力，不能"保护"精英，囤积资源，或者宣称自己不受继任计划的影响。[11]

我们与泰森的合作，帮助合并后的公司取得了直接的成功。领导人意识到，他们每个人都必须承担起推动主动权的责任，并做出强硬的呼吁。没有人期望一夜成名或简单的答案。但当数十亿美元处于平衡状态时，理性的人会期待简单吗？

通常我会提前进入这个过程。我经常与一家公司合作来做出收购的决定；在其他时候，高管们在他们决定购买之后，完成交易之前，会给我打电话。这些客户意识到，在做出招聘、保留或解雇多余人才以及薪酬方案的最终决定之前，他们必须立即、准确、客观地掌握关键精英的数据。为此，我制作了一份继任计划报告，其中包含以下内容：

· 职业生涯史。

· 绩效评估数据。

· 职业抱负。

· 成功的标准（例如，战略思维、学习速度、分析推理、动机、领导潜力、团队合作、人际交往能力、财务能力）。

· 认知评估：学习速度，批判性思维，数值推理。

· 领导知识。

· 职能部门工作经验：人力资源、仓库、财务、IT、销售、法律、制造、行政。

· 主要优势。

· 发展必要性。

· 领导有效性。

· 晋升状况。

一旦决策者为每个关键人物都做了这一页的报告，他们就可以开始决定谁将领导什么。例如，如果你有两个看起来很有能力的首席财务官，你怎么知道要保留哪一个呢？收购公司将保持其高层领导人的地位，但这往往会造成灾难。我经常在目标团队中发现优秀员工，如果没有得到相匹配的职位与报酬的话，他们就会离开。

与评估一样，从买家在虚线上签字的那一刻起，整合就会继续，直到所有人都忘记了两个独立公司的曾经存在，换句话说，即所有人永远忘记其存在。尽管在整合的最佳实践方面存在着共性，但同时包含了合并的艺术和科学。当你把资源转移到新计划的时候，要有一个清晰的计划来经营你自己的企业。

结论

　　最近的历史给我们带来了一些关于并购的惨痛教训，其中最突出的就是许多收购本不应该发生。第二个教训是，如果母公司为收购做了更多更好的定位，那么上一个教训可能就没有实际意义了。这并不意味着所有尽职尽责的公司都会做同样的尽职调查，这意味着一种不同的制订方法，从对母公司的战略和文化的深入理解开始。只有在高级领导人收集了这些数据之后，他们才应该开始一段艰难的旅程，即制订标准、考虑目标、评估目标和谈判交易的旅程。然后，他们将准备对关键的五个因素进行同样的强有力的检查。

　　你现在是否已经足够好地管理现有业务，足以承受另一个业务的压力？公司应该在实力和稳固的基础上开始收购，因为收购会给收购方的资源带来巨大的压力。如果一家公司在国内面临困难，收购不太可能解决这些问题。

　　不管事实告诉你什么，不要以为所有的整合都是神圣的。也要考虑你的、你的员工的和你的顾客的情感。芝加哥人难以忘怀的是，梅西（Macy）百货在 2006 年要求更名为马歇尔菲尔德（Marshall Field）百货，从而损害了自 1881 年以来一直在芝加哥出类拔萃的品牌。收购公司常常坚持改进产品，替换东西，并重新命名那些根本不需要改变的东西。保留马歇尔菲尔德的名字、品牌和忠诚的顾客，都不可能是梅西百货公司的错误尝试。

母公司必须做出许多不受欢迎的整合决策，而且不能让士气低落。如果你发现这家公司一开始就值得购买，那么信任、资助，并鼓励它在没有不必要干扰的情况下茁壮成长就可能是值得的。

注 释

第一章

1. Manyika, J., M. Chui, B. Brown, J. Bughlin, R. Dobbs, C. Roxburgh, and A. Byers, "Big Data: The Next Frontier for Innovation, Competition, and Productivity," *McKinsey Quarterly,* May 2011.

2. Charan, R., *Global Tilt: Leading Your Business Through the Great Economic Power Shift* (New York: Crown Business, 2013), pp. 15–17.

3. Collins, J., and M. Hansen, *Great by Choice* (Harper Business, 2011), pp. 9–10.

4. "Wal-Mart Grapples With Its Worst Sales Slump Ever," *The Wall Street Journal*, February 22, 2011.

5. Anderegg, C.R., *Sierra Hotel* (Washington D.C.: Air Force History and Museums Programs, 2001).

6. Rand, A., *Return of the Primitive: The Anti-Industrial Revolution* (New York: Penguin Books, 1999), p.130.

第二章

1. Drucker, P., "What Executives Should Remember," *Harvard Business Review*, February 2006, p. 147.

2. Drucker, p. 149.

3. *www.rand.org.*

4. Tregoe, B., and J. Zimmerman, *Top Management Strategy* (New York: Simon & Schuster, 1980), p. 20.

5. Maister, D., *Strategy and the Fat Smoker* (Boston: The Spangle Press, 2008), pp. 4–6.

6. Kazanjian, K., *Exceeding Customer Expectations: What Enterprise, America's #1 Car Rental Company, Can Teach You About Creating Lifetime Customers* (Doubleday, 2007), p. xv.

7. Moorhead, F., and Neck, "Group Decision Fiascos Continue: Space Shuttle Challenger and a Groupthink Framework," *Human Relation* (Plenum Publishing Corporation, 1991), Vol. 44.

8. Verhovek, S., *Jet Age* (New York: Penguin Group, 2010), pp. 9–21.

第三章

1. Schein, E., *Organizational Culture and Leadership* (San Francisco: Jossey-Bass, 1992), pp. 12–13.

2. Catton, B., *The Civil War* (New York: American Heritage Press, 1971), pp. 160–161.

3. Tellis, G., and P. Golder, *Will and Vision* (New York: McGraw-Hill, 2002), pp. 43, 46, 290–292.

4. Senge, P., *The Fifth Discipline* (New York: Doubleday Currency, 1990), pp. 127–135.

5. Wiseman, R. *www.laughlab.co.uk.*

第四章

1. Interview with Thomas Downing U.S. Navy, retired, and former commander of TOPGUN, August 2012.

2. Interview with C. R. Anderegg, USAF colonel, retired, and former Air Force Historian, May 2012.

3. *www.barbiemedia.com/barbie_facts_by-the-numbers.html.*

4. *http://corporate.mattel.com/about-us/history/mattel_history. pdf.*

5. Lee, Bill, *The Hidden Wealth of Customers* (Boston: Harvard Business Review Press, 2012), p. 3.

6. Diamond, J., *Guns, Germs, and Steel* (New York: W.W. Norton & Company, Inc., 1997), p. 15.

7. Diamond, p. 438.

8. Diamond, p. 435.

9. Interview with Amanda Setili, August 2013.

第五章

1. Shurkin, J., *Terman's Kids* (New York: Little, Brown, 1992), p. 10.

2. Jensen, A., *Bias in Mental Testing* (Free Press, 1980), p. 113.

3. Gladwell, M., *Outliers* (New York: Little, Brown & Company, 2008), p. 35.

4. Seligman, M., *Learned Optimism* (New York: Free Press, 1990), p. 29.

第六章

1. Spitz, Bob, *The Beatles: The Biography* (New York: Little, Brown, 2005), pp. 473–474.

2. Lewisohn, Mark, *The Complete Beatles Chronicle: The Definitive Day-By-Day Guide to the Beatles' Entire Career* (Chicago: Chicago Review Press, 2010), pp. 34–35.

3. Isaacson, W., *Benjamin Franklin: An American Life* (New York: Simon & Schuster, 2003), p. 484.

4. Isaacson, W., *Steve Jobs* (New York: Simon & Schuster, 2011), pp. 56, 180.

5. Gabler, N., *Walt Disney: The Triumph of the American Imagination* (New York: Random House, 2006), pp. xv, 563, 632.

6. Isaacson, W., *Einstein: His Life and Universe* (New York: Simon & Schuster, 2007), p. 545.

7. Isaacson, p. 551.

8. Interview with Richard Covey, September 28, 2011.

9. Hillenbrand, L., *Unbroken* (New York: Random House, 2010), pp. 5, 119, 278.

10. Seligman, M., *Learned Optimism* (New York: Free Press, 1998), p. 15.

11. Interview with Christine Brewer, March 19, 2013.

第七章

1. Maccoby, M., "Narcissistic Leaders: The Incredible Pros, the Inevitable Cons," *The Harvard Business Review*, January–February 2000, p. 6.

2. Babiak, P., and R. Hare, *Snakes in Suits* (New York: Harper Collins, 2006), pp. 37–43.

3. Zanor, C., "A Fate That Narcissists Will Hate: Being Ignored," *The New York Times*, November 29, 2010.

4. Sifneos, P., "Affect, Emotional Conflict, and Deficit: An Overview," *Psychotherapy and Psychosomatics*, 56 (1991), pp. 116–122.

5. "Portfolio's Worst American CEOs of All Time: 19. Carly Fiorina," CNBC, *www.cnbc.com/id/30502091?slide=3.*

6. Markoff, J., "Company News—Visionary Apple Chairman Moves On," *The New York Times*, October 16, 1993.

第八章

1. Gardner, J., *On Leadership* (New York: The Free Press, 1990), p. 113.

2. Anderegg, C., *Sierra Hotel: Flying Air Force Fighters in the Decade After Vietnam* (Washington, D.C.: Air Force History and Museums Program, 2001), Appendix.

3. Presentation by General Ronald Keys to the Air Force Association Conference, September 19, 2012.

4. Gardner, p. 161.

5. Updegrove, M., *Baptism by Fire: Eight Presidents Who Took Office in Times of Crisis* (New York: St. Martin's Press, 2008), p. 186.

6. Peter, L., and R. Hull, *The Peter Principle* (New York: William Morrow & Company, 1969).

7. Isaacson, W., *Steve Jobs* (New York: Simon & Schuster, 2011), pp. 56, 180.

第九章

1. Belbin, R., *Management Teams: Why They Succeed or Fail, Third Edition* (Taylor & Francis, 2010), p. 14.

2. Goodwin, D., *Team of Rivals: The Political Genius of Abraham Lincoln* (New York: Simon & Schuster, 2005).

3. Cooper, T., and A. Ainsberg, *Breakthrough* (New York: St. Martin's Press, 2010), p. 86.

4. Coffey, W., *The Boys of Winter* (New York: Random House, 2005), p. viii.

5. Gratton, L., and T. Erickson, "Eight Ways to Build Collaborative Teams," *Harvard Business Review,* January 2010, p. 6.

6. Guffey, G. *The Greatest Basketball Story Ever Told: The Milan Miracle* (Bloomington, Ind.: Indiana University Press, 2003), pp. 104–110.

7. Interview with John Mabry, November 6, 2013.

第十章

1. *www.itt.com/about/history.*

2. *www.deloitte.com.*

3. *www.mosi.org.uk/collections/explore-the-collections/ferranti-online/timeline.aspx.*

4. Taylor, A., "How I Did it: Enterprise's Leader on How Integrating an Acquisition Transformed His Business," *Harvard Business Review,* September 4, 2013.

5. Tregoe, B., and J. Zimmerman, *Top Management Strategy* (New York: Simon & Schuster, 1980), p. 40.

6. Kopykoff, V., "How eBay Fared in Latest Skype Deal," *New York Times*, May 10, 2011.

7. Feder, B., "Quaker to Sell Snapple for $300 Million," *New York Times*, March 28, 1997.

8. Grezta, T., "Spring's Nextel Network Is Finally No More," *Wall Street Journal*, July 1, 2013.

9. Rexrode, C., "Wendy's Sells Arby's to Equity Firm," *Huffington Post*, June 13, 2011.

10. Protess, B., "Tallying the Costs of Bank of America's Countrywide Nightmare," *New York Times*, October 25, 2012.

11. Cohn, J., R. Khurana, and L. Reeves, "Growing Talent as if Your Business Depended on It," *Harvard Business Review*, October 2005.